SAIF

Shanghai Advanced

Institute of Finance

上海高级金融学院

全球的中国金融研究权威

中国的全球金融研究高地

法律金融科技
破解 个贷难题

高金智库《法律金融科技对个人信用风险化解的应用研究》联合课题组 著

主编 刘晓春

上海交通大学 出版社

SHANGHAI JIAO TONG UNIVERSITY PRESS

内容提要

　　近年来,个人信贷违约事件频发,各类参与主体都面临不同程度的风险化解难题。与此同时,法律金融科技正在迅猛发展,不断拓展应用场景,已经将个贷纠纷处理纳入法律程序内,在一定程度上优化了个贷纠纷案件传统的处理方式,保障了各方参与主体合法权益,助推了诚信法治社会建设。本书通过对国内外法律金融科技领域相关应用的研究分析,对通过法律金融科技化解个人信用风险提出了九条具体建议,对法律金融科技第三方平台规范发展提出了四条具体建议,对行业未来发展方向作出展望,以期为破解个贷处置难题等方面提供有益参考。

　　本书适合金融机构、中介机构、公检法及律所等相关部门从业人士和对不良风险处置领域感兴趣的各界人士阅读,希望能启发读者对法律金融科技领域探索的兴趣和思考。

图书在版编目(ＣＩＰ)数据

　　法律金融科技破解个贷难题 / 高金智库《法律金融科技对个人信用风险化解的应用研究》联合课题组著；刘晓春主编. — 上海 ：上海交通大学出版社,2024.2

　　ISBN 978－7－313－30251－9

　　Ⅰ.①法… 　Ⅱ.①高… ②刘… 　Ⅲ.①个人－贷款管理－金融法－中国 　Ⅳ.①D922.282

　　中国国家版本馆 CIP 数据核字(2024)第 038678 号

法律金融科技破解个贷难题

FALü JINRONG KEJI POJIE GEDAI NANTI

著　　者：高金智库《法律金融科技对个人信用风险化解的应用研究》联合课题组
主　　编：刘晓春
出版发行：上海交通大学出版社　　　　地　　址：上海市番禺路 951 号
邮政编码：200030　　　　　　　　　　电　　话：021－64071208
印　　刷：上海景条印刷有限公司　　　　经　　销：全国新华书店
开　　本：787mm×1092mm　1/16　　　印　　张：8
字　　数：117 千字　　　　　　　　　　插　　页：2
版　　次：2024 年 2 月第 1 版　　　　　印　　次：2024 年 2 月第 1 次印刷
书　　号：ISBN 978－7－313－30251－9
定　　价：68.00 元

高金智库书系

　　高金智库(SAIF ThinkTank)是上海交通大学上海高级金融学院(高金)的研究平台,主要任务是依托高金的研究力量并与国内外专家学者合作,围绕党和国家在经济金融领域的战略任务和政策脉络,锚定"加快建设金融强国",聚焦国际金融中心发展中的全局性、前瞻性、战略性问题,深耕"科创金融""可持续金融"和"数字金融"等重点领域,通过开展重点课题研究、召开系列专题闭门研讨会、举办和参与举办论坛和峰会等,促进学术、理论研究与政策研究、应用研究的交流互动,并持续提供高水平的研究报告和政策建议。秉持"形成顶级智库"的发展使命,高金智库旨在成为全球研究中国经济金融问题的学术权威和中国研究全球经济金融问题的思想高地。

　　"高金智库书系"旨在通过求解国际金融中心建设中具有战略性、全局性和前瞻性的发展任务,转化为可借鉴的经济金融领域的研究成果,促进学术研究和政策研究的双向赋能,力图打造成为通晓世界、关注中国的国家高端智库书系品牌。

课　题　组

总顾问：　　　　　屠光绍

协调人：　　　　　李　峰

（子课题组长按报告合订先后排序）

课题组长：　　　刘晓春

联席课题组长：　许多奇

编写人员：　　　方　明　汪　洋　肖　蕾　祝修业

张建华　陈玲玲　秦雨佳　沈思宇

毛诗倩　郑丁灏　董家杰

序

本书聚焦于研究如何借助法律金融科技手段提升司法机构和金融机构对于个人信贷不良案件的处置质效。近年来,随着个人信贷规模的快速扩张,个人不良贷款案件数量陡增,对银行等金融机构和法院等司法机构带来较大压力。同时,由于大量的个人不良贷款处置没有纳入法律程序,导致"债闹"等灰色产业的产生,不仅不利于欠款人合法权益的保护和信用恢复,也严重影响社会的和谐安全。个人信贷不良案件数量庞大、标的额小、处置流程相似,案件情况较为相似,因此科学地统筹合并同类案件进行批量化处理不失为一个"良方",但传统的处置方法和技术手段有限,效果不明显。

得益于法律金融科技的兴起和应用,依托云计算、大数据、人工智能、区块链、智能合约、电子签章等新技术,可以在司法框架下探索个贷不良案件批量化处置的新手段与新服务。法律金融科技在金融机构端能够实现将个人信贷纠纷纳入标准化法律程序,突破金融纠纷案件处置规模有限、处置周期漫长等瓶颈,并提升金融个贷追偿质效;在法律端响应"诉源治理"理念,能够保障各类参与主体合法权益,强化诉前调解执行力度,加强全流程的智能化规范运作,优化法律资源配置;对于社会整体而言,更是完善法治社会、建设诚信社会、推进普惠法律的重要途径。尽管还处于技术发展的初级阶段,法律金融科技在全球应用中已经体现出显著作用。本书旨在通过前瞻性研究,对进一步提升个贷案件处置质效、优化法律化解个人信用风险的机制路径、优化第三方平台服务能力提供了建议,并基于国内国外最新实践,对未来法律金融科技化解金融风险的完善路径和发展方向作出展望。

本书主要内容节选自《法律金融科技对个人信用风险化解的应用研究》课题报告,并充分结合了杭州汉资信息科技有限公司等相关方的意见建议进行出版编辑。《法律金融科技对个人信用风险化解的应用研究》联合课题组由浙江之江高级金融研究院(ZJAIFR)联合杭州汉资信息科技有限公司组织相关专家组成,课题组长为刘晓春,成员主要有许多奇、方明、汪洋、肖蕾、祝修业、张建华、陈玲玲、秦雨佳、沈思宇、毛诗倩、郑丁灏、董家杰,上海交通大学中国金融研究院(CAFR)褚一乐、吴尚尚、胡素素和上海高金金融研究院(SAIFR)董明珠等亦对本书有所贡献。

在本书及课题报告的形成过程中,联合课题组进行了为期近两年的不懈调研与深入研究,分别在杭州、上海等地举办闭门研讨会和课题评审会,在江苏、浙江、湖南、福建等地进行了多次实地调研,得到了社会各界和相关各方的慷慨支持和真诚指导。感谢全国各地尤其是长三角地区的各级人民法院、检察院、公安机关和律师协会、律师事务所等提供的专业指导,感谢来自中国人民银行、中国人民银行上海总部、国家金融监督管理总局浙江监管局、国家金融监督管理总局上海监管局、浙江省地方金融监督管理局、上海市地方金融监督管理局等金融管理部门,上海交通大学凯原法学院、复旦大学法学院、浙江大学光华法学院等高等科研院所,中国农业银行、中国银行、南华期货、渤海银行、苏州银行、温州银行等金融机构的领导和专家拨冗出席闭门会,提供了宝贵的专业研究和务实建议。

此外,我们特别感谢上海交通大学上海高级金融学院(SAIF)执行理事屠光绍教授及副院长李峰教授给予的无私帮助和指导反馈。感谢浙江之江高级金融研究院(ZJAIFR)常务副院长吴建伟及其团队的后勤保障,感谢高金智库(SAIF ThinkTank)管理运营团队的全力支持,还要感谢上海交通大学出版社编辑团队的严谨细心。

我们一如既往地期盼读者的批评和建议。

刘晓春

上海交通大学上海高级金融学院兼聘教授

上海交通大学中国金融研究院副院长

上海新金融研究院副院长

浙江之江高级金融研究院联席院长

2023 年 10 月

前　言

　　金融信用风险根据客户类别分为法人信用风险和个人信用风险,其中法人信用风险因为主体复杂、单户金额大、风险缓释工具不一、涉及关联企业等原因,需要一户一策进行化解,目前通过银行自身处置或转让资产管理公司处置的方式是可行的;对于个人信用风险,因为户数多、金额小、流程相同,涉及的客户而情况较为类似,近年来个人信贷业务的快速发展,个人不良贷款案件数量陡增,对银行等金融机构和法院等司法机构带来较大压力,因此高效化解金融风险成为当前的重要任务。本书提出通过"科技＋法律"的手段科学统筹合并同类个贷案件,并进行标准化、批量化处理,能有效化解金融个贷信用风险,从长远看能够助力我国发展建设诚信社会。

　　法律金融科技依托信息技术,利用云计算、大数据、人工智能、区块链、智能合约等新技术的特性,使用技术和软件来提供和协助法律服务,确保法律服务的专业化、自动化和智能化,实现技术与法律的深度融合,为化解金融风险提供更好的法律支持。与金融科技相比,法律金融科技更具有法律的严谨性,出现新生的技术和服务后,从探索到成熟需要一个完整的发展周期,因此起步较晚,还处于发展的初级阶段。已有研究表明,法律金融科技在提升贷款回收效率、提高法律系统工作效率、降低人工操作失误、提高案件处理的准确性、提高当事人满意度、扩大法律服务范围、实现更好的透明度、优化法律服务资源配置等方面作用显著。

　　本书认为,通过对法律金融科技应用的前瞻性研究,可以进一步提高个人信用风险化解的效率、优化法律化解个人信用风险的机制路径、为实现各方参与主体的协作共赢提供有效建议,并基于国内国外法律金融科技最新实践,对未来法律金融科技化解金融风险的完善路径和发展方向作出展望。

目　录

第一章　个人信用风险化解的需求和痛点 …………………… 1

第一节　个人信贷业务情况 ……………………………………… 2

一、银行业个人信贷业务 ……………………………………… 2

二、互联网平台个人信贷业务 ………………………………… 7

三、小额贷款公司信贷业务 …………………………………… 8

四、消费金融公司信贷业务 …………………………………… 11

第二节　个贷业务不良贷款情况 ……………………………… 11

一、银行机构不良贷款 ………………………………………… 11

二、互联网平台、小额贷款公司及消费金融公司不良贷款 …… 22

三、经济下行条件下呆账坏账情况预测分析 ………………… 24

第三节　个贷业务中的信用风险及化解需求 ………………… 25

一、经济下行条件下还款能力和还款意愿分析 ……………… 25

二、违法中介诱发和加深个人信用风险 ……………………… 27

三、不良发生率增加情况下的法律诉讼难题 ………………… 28

四、不良贷款增加的风险衍生 ………………………………… 32

五、个贷业务金融风险化解需求 ……………………………… 36

第四节　法律金融科技解决个人信用风险化解需求和痛点的实施

路径 ………………………………………………………… 41

一、强化诉前调解执行力度，促进构建诉源治理新格局 ……… 42

二、提升个贷催收质效,推动催收领域进行有效化管理 ………… 43

三、加强全流程的规范运作,提升各项业务的合规性 ………… 44

四、深化个人信用风险提前防范,降低潜在风险隐患 ………… 44

五、优化法律资源配置,深化法律普惠 ……………………… 45

第二章　法律金融科技在国际国内的发展情况、前景及挑战 ……… 47

第一节　全球法律金融科技发展概况 ……………………… 47

第二节　全球法律金融科技主要领域和发展趋势 ………… 50

一、利用大数据和人工智能重塑法律服务市场 …………… 50

二、区块链和智能合约开始进入真实应用场景 …………… 51

三、自动化的应用已经成熟,并催生出新的法律服务业态 … 52

第三节　监管及政策环境 …………………………………… 52

第四节　不良资产处置催收相关科技使用 ………………… 53

一、英国 ……………………………………………………… 53

二、新加坡 …………………………………………………… 55

三、美国犹他州 ……………………………………………… 56

四、印度 ……………………………………………………… 56

第五节　国内法律金融科技发展概况 ……………………… 57

第六节　国内法律金融科技提升金融风险化解能力面临的挑战 …… 58

一、数字化不良资产清收的数据合规问题 ………………… 58

二、区块链与算法的技术风险难题 ………………………… 60

三、信息系统与不良资产清收国家统一数据库的衔接难题 …… 61

四、智慧司法背景下的道德风险以及技术风险 …………… 62

五、地域性差异与管辖法院的接受程度 …………………… 64

第三章　法律金融科技应用的重点案例分析 ………………… 65

第一节　国外法律金融科技主要案例 ……………………… 65

一、法律金融科技公司所在领域类别 ⋯⋯⋯⋯⋯⋯⋯⋯ 65

二、典型案例公司介绍 ⋯⋯⋯⋯⋯⋯⋯⋯⋯⋯⋯⋯⋯⋯ 67

第二节　国内重点案例—杭州汉资信息科技有限公司 ⋯⋯⋯ 69

一、杭州汉资信息科技有限公司概况 ⋯⋯⋯⋯⋯⋯⋯⋯ 69

二、传统不良个贷案件处置模式与汉资处置模式的对比 ⋯⋯ 70

三、汉资业务模式的价值与问题分析 ⋯⋯⋯⋯⋯⋯⋯⋯ 76

四、汉资处置模式的价值 ⋯⋯⋯⋯⋯⋯⋯⋯⋯⋯⋯⋯ 77

五、现存问题 ⋯⋯⋯⋯⋯⋯⋯⋯⋯⋯⋯⋯⋯⋯⋯⋯⋯ 79

六、汉资科技现有合作典型案例 ⋯⋯⋯⋯⋯⋯⋯⋯⋯⋯ 82

第四章　法律金融科技深化个人信用风险化解的发展建议及展望 ⋯⋯ 86

第一节　法律金融科技在个人信用风险化解领域应用的发展建议 ⋯ 87

一、落实顶层设计,加强整体统筹规划 ⋯⋯⋯⋯⋯⋯⋯ 87

二、完善相关政策法规,为法律金融科技发展提供制度空间 ⋯ 88

三、建立跨部门协调机制,健全行业资格认定方法 ⋯⋯⋯ 90

四、提升信息化水平,为法律金融科技提供基础支撑 ⋯⋯ 91

五、建立行业 SOP(标准作业程序)标准 ⋯⋯⋯⋯⋯⋯⋯ 92

六、积极开展试点 ⋯⋯⋯⋯⋯⋯⋯⋯⋯⋯⋯⋯⋯⋯⋯ 92

七、加强对借款人和催收人员的法律培训 ⋯⋯⋯⋯⋯⋯ 93

八、优化法院、法官考核机制 ⋯⋯⋯⋯⋯⋯⋯⋯⋯⋯⋯ 94

九、积极拓展法律金融科技化解金融风险的边界 ⋯⋯⋯ 95

第二节　法律金融科技第三方平台优化个人信用风险化解的具体

建议 ⋯⋯⋯⋯⋯⋯⋯⋯⋯⋯⋯⋯⋯⋯⋯⋯⋯⋯⋯ 96

一、进一步明晰自身的职能定位 ⋯⋯⋯⋯⋯⋯⋯⋯⋯⋯ 96

二、聚焦个人信用风险化解流程中的重要节点 ⋯⋯⋯⋯ 97

三、视情况分类处置个人信用风险 ⋯⋯⋯⋯⋯⋯⋯⋯⋯ 98

四、重视运营中面临的数据合规和安全问题 ⋯⋯⋯⋯⋯ 98

第三节　法律金融科技提升金融风险化解能力的发展方向及展望

·· 100

　　一、业务发展:拓宽对公不良业务清收的科技水平 ············ 100

　　二、主体发展:积极开展与资产管理公司的合作 ············ 102

　　三、标准发展:推进数字化不良资产清收的标准化进程 ········ 103

附录　关于信用卡业务应用法律金融科技的可行性分析 ·············· 105

参考文献 ···································· 111

第一章　个人信用风险化解的需求和痛点

　　金融系统在经济体系中通过发挥其资金融通功能,在服务实体经济和促进经济发展过程中起到了重要作用,一旦金融系统出现危机,经济体系的运行也必然受到很大冲击,甚至可能会引发经济危机。因此,金融安全对于经济正常运行至关重要,化解金融风险是保障金融安全、避免发生系统性金融风险的重要举措。国内的系统性金融风险主要由宏观层面的金融高杠杆率、流动性风险和微观层面的金融机构信用风险、跨市场跨业态跨区域的影子银行、违法犯罪风险等几大风险构成。结合国务院金融稳定发展委员会、中国人民银行的最新报告分析[①],随着"坚决打好防范化解重大金融风险攻坚战"取得重要阶段性成果,截至 2021 年,化解"微观层面的金融机构信用风险"中银行不良资产风险已成为当前国内防范系统性金融风险的关键。

　　鉴于近年来个人信贷业务发展迅速,互联网金融的发展进一步助推了业务快速增长,银行个贷业务风险持续累积,广泛存在的信用风险、流动性风险、市场风险以及操作风险等使得个贷业务金融风险化解成为当前的主要任务。本章重点关注个贷业务金融风险的特征和化解中的需求与痛点,并在此基础上明确法律金融科技化解个人信用风险的作用与路径。

---

　　① 源自《中国金融稳定报告(2021)》《中国货币政策执行报告(2021)》。

第一节 个人信贷业务情况

近年来,我国经济迅猛发展,金融生态开放性不断提升,金融市场竞争愈加激烈,加之人民生活水平提高,个人金融观念和消费观念转变,个人信贷业务越发火热,国内大中型商业银行纷纷推动业务结构转型,通过创新金融产品和服务,持续扩大个人信贷业务规模。2014 年以来[①],个贷业务持续增长,且占银行业贷款比重也整体保持增长态势。信贷产品种类也从传统的住房按揭贷款逐渐扩展至抵押贷款、信用贷款、担保贷款等多种形式的个人信贷业务。以下从银行业个贷业务、互联网平台个贷业务、小额贷款公司个贷业务的发展及不良贷款情况进行分析,并提炼个贷业务金融风险化解需求。

一、银行业个人信贷业务

(一) 整体情况

2014—2022 年间,全国金融机构人民币个人信贷业务保持持续稳定增长态势(详见图 1-1),个人信贷业务规模持续扩大且占境内贷款业务比重也整体保持上升态势,说明个贷业务逐渐被各类金融机构所重视,并通过各种途径扩大个贷业务规模。受新冠疫情影响和整体经济下行影响,个人信贷业务占境内贷款比重在 2020 年初和 2022 年略有下降,但整体个人信贷业务存量规模未见明显下滑,仍然维持在高位,截至 2022 年 7 月末,全国金融机构个人信贷业务余额为 73.41 万亿元,较 2014 年 9 月的 22.51 万亿元新增 50.9 万亿元,整体规模增长了 2 倍以上。个人信贷业务占境内贷款业务比重从 2014 年 9 月的 28%提升到 2022 年 7 月的 36%,增长 8 个百分点。对比贷款平均增幅,个人信贷业务各年度同比增幅均更高。可见,近年来个人信贷业务获得了快速

[①] 鉴于 2012 年互联网金融概念方才被提出,2013 年被称为互联网金融元年,互联网金融对个贷业务产生了深刻且巨大的影响,为保持分析口径的相对稳定,本研究对相关数据的分析主要从 2014 年开始。

的发展,逐渐成为银行业贷款业务的重要支撑。但随着规模的扩大,风险的积累势必增加,尤其是国内个人信贷业务相较于发达国家仍处于相对粗放的阶段,无法精细匹配客户对金融产品和服务的多样化需求,这使得个人信贷的实际用途和信贷审批存在一定的脱节,可能导致个人信贷业务风险激增。

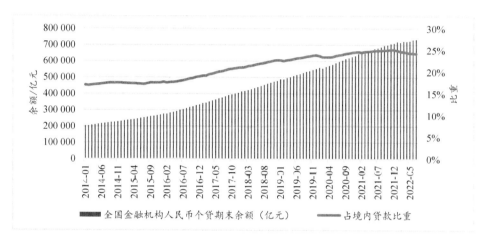

图 1-1　2014—2022 全国金融机构人民币个贷期末余额及占境内贷款比重

数据来源:Wind

（二）个人信贷业务结构

从贷款期限结构来看,期限在 1 年及以内的贷款为短期贷款,期限在 1 年以上的贷款为中长期贷款。截至 2022 年 7 月末,短期个人贷款业务和中长期个人贷款业务占比分别为 24.4% 和 75.6%。相对 2014 年而言,短期个人贷款业务比例下降约 10.8 个百分点(2014 年分别为 35.2% 和 64.8%),其中主要变化原因在于个人住房按揭贷款增长较快。

从贷款期限和用途结构来看,短期经营性个人贷款在个人贷款所占比重在 2014—2022 年间下降幅度较大,中长期经营性个人贷款维持稳定;短期消费性个人贷款占比受到新冠肺炎疫情影响,自 2020 年初出现断崖式下降,此后其占比一直维持在 13% 左右;与之相对的是,受个人住房按揭贷款的快速增长影响,中长期消费性个人贷款占比增加较多,目前占比约为 60% 左右,挤占了短期经营性个人贷款和短期消费性个人贷款在个人贷款中的占比。随着 2021 年出现诸多房地产开发企业风险事件,加之房地产市场持续疲软,个人住房按揭贷款业务风险也在积累,需警惕次级住房贷款带来的金融风险。

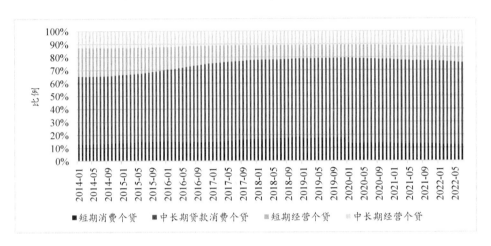

图 1-2 2014—2022 全国金融机构人民币个贷业务结构

数据来源:Wind

值得注意的是,近年来信用卡类的消费贷款规模迅速扩张,成为个人信用贷款中的重要组成部分。从期限分类来看,信用卡业务主要属于短期性个人贷款;从用途分类来看,信用卡业务主要属于消费性个人贷款。银行信用卡业务从 2003 年开始快速发展,央行数据显示,2003 年我国信用卡发行量为 300 万张,到 2014 年国内的信用卡年发卡量已经达到约 4.5 亿张。2015 年起随着移动互联网和金融科技的发展,信用卡业务迎来了爆发式增长。根据人民银行数据,自 2015 年更改为"在用卡量"统计口径后,我国信用卡与借贷合一卡总计发卡数量从 2015 年 4.32 亿张迅速攀升至 2021 年 8.00 亿张,如图 1-3 所示,截至 2022 年末,我国信用卡和借贷合一卡 7.98 亿张,同比下降 0.28%。

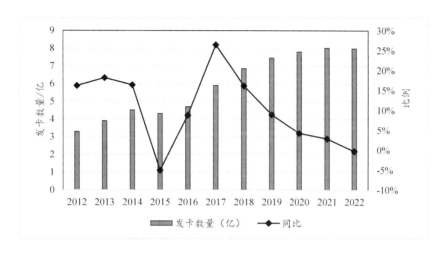

图 1 - 3　2012—2022 全国信用卡发行量（2015 年后更改为"在用卡量"统计口径）

数据来源：人民银行

（三）五大行个人信贷业务①

分析五大行的个贷业务可以帮助我们更好地判断个人信贷业务的导向。2014—2022 年，五大国有银行的贷款余额持续增加，个人信贷业务占比也在持续提升（见图 1 - 4），从 2014 年末的 28.89% 提升至 2022 年 6 月末的 41.23%，其中最高点在 2021 年末，占比达 42.71%。截至 2022 年 6 月，五大国有银行个人信贷业务余额共计 32.42 万亿元，在全国个人信贷业务中占有较高比例（约 44%），个人信贷业务占贷款总额比重也高于全国平均水平。

央行数据显示，2022 年人民币贷款增加 21.31 万亿元。根据上市公司年报数据，五大行新增信贷规模近 10 万亿元，接近新增信贷规模的一半。从贷款余额来看，以"贷款和垫款总额"口径进行统计，2022 年末五大行贷款余额合计约 89.03 万亿元，其中工商银行贷款余额 23.21 万亿元，农业银行贷款余额 19.77 万亿元，中国银行贷款余额 17.55 万亿元，建设银行贷款余额 21.20 万亿元，交通银行贷款余额 7.30 万亿元。以"个人贷款"为口径，各银行个人贷款占比情况如图 1 - 5 所示。

---

① 包括中国工商银行、中国农业银行、中国银行、中国建设银行和交通银行。

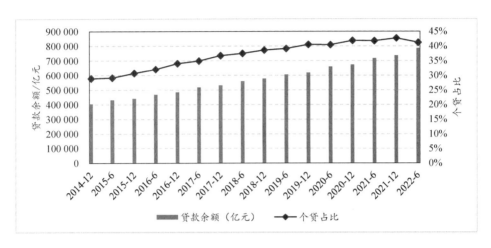

图 1-4　2014—2022 五大国有银行贷款余额及个人信贷业务占比

数据来源：Wind

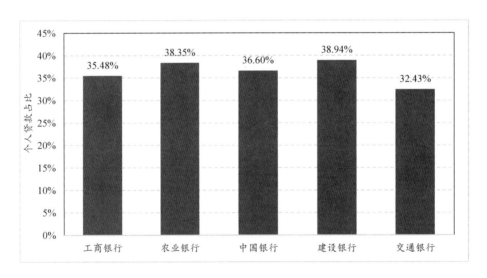

图 1-5　2022 年五大国有银行个人贷款占贷款余额比重

数据来源：Wind，公司年报

　　从五大行个人贷款的结构来看，根据上市公司年报，五大行个人贷款结构如图 1-6 所示，其中中国银行未披露经营性贷款和消费贷款余额，在制图时采用差值平均的方式予以展现，两部分缺失值占比合计为 5.55%；交通银行未单独披露消费贷款规模,根据其他数据估算,该部分占比约为 5.77%。

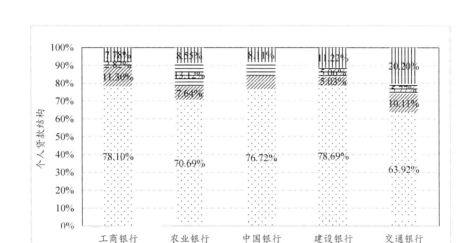

图 1-6 2022 年五大国有银行个人贷款结构

数据来源:Wind,公司年报

二、互联网平台个人信贷业务

自 2007 年"拍拍贷"在我国成立以来,互联网平台借贷在我国发展已经 15 年。其发展主要分为三个阶段:萌芽阶段、井喷阶段以及整合阶段。第一阶段是萌芽阶段,时间从 2007 年到 2011 年。这个阶段我国网络借贷行业发展较为缓慢,平台数量屈指可数。根据网贷之家的数据显示,截至 2011 年底,网络借贷平台数量约 60 家而已,月均成交金额约 5 亿元。第二阶段是井喷阶段,时间从 2012 年到 2015 年。这个阶段的网络借贷行业发展快速且野蛮,网络借贷平台数量以及成交规模在这个阶段飞速增长。根据网贷之家数据显示,截至 2015 年底,网络借贷平台数量约 4 000 家,成交总金额超过 1 万亿元,实现了 300% 的年增长幅度。虽然这个阶段网络借贷发展迅猛,但基于宏观经济下行、行业自身较为混乱以及信用风险上升等因素,网络借贷在 2015 年发生"爆雷潮"。第三阶段是整合阶段,时间从 2016 年至今。2016 年后网络借贷平台的运营数量急速下降,网络借贷问题平台的数量快速增加。2017 年后我国持续推进金融去杠杆,导致整个金融业的资金流动性收紧,随着金融监管力度以及网络借贷风险专项整治力度的加强,网络借贷平台的合规成本增加,偿付能力减低,资金链断裂风险增加,引发更大规模"爆雷潮"。网络借贷行业成交量从 2017 年的 28 048 亿元,降至 2019 年的 9 649 亿元。

网络借贷经历了一段良莠不齐的野蛮发展,由于监管不完善,加之互联网金融业务的不确定性、隐蔽性和快速扩散性,伴生了巨大的风险,导致金融脆弱性增强。同时,借助互联网借贷平台非法集资和诈骗的行为也越来越多,国家金融监管部门相继下发《关于加大通过互联网开展资产管理业务整治力度及开展验收工作的通知》《网络借贷信息中介机构有条件备案试点工作方案》等文件,清理整理互联网借贷。2021 年,中国人民银行发布公告称,在营 P2P 网贷平台全面停业,互联网资产管理、股权众筹等领域的整顿基本结束,已进入常态化监管。至 2022 年,全国仅剩部分网贷平台还在运营,如度小满金融、蚂蚁借呗、蚂蚁花呗、微众银行"微粒贷"等。蚂蚁借呗 2021 年末发放贷款和垫款 498 亿元,同比增长率为 67.86%,蚂蚁花呗 2021 年末发放贷款和垫款 551 亿元,同比增长率为 253.6%,但二者营业收入均较巅峰期 2017/2018 年大幅下降。微众银行 2021 年末各项贷款余额 2 632 亿元,较 2020 年增长 32%。从其公布数据看,其旗下"微粒贷"笔均贷款仅约 8 000 元,逾 44% 的客户来自三线及以下城市,逾 80% 的客户为大专及以下学历和非白领从业人员;"微业贷"管理贷款余额中,批发零售业、制造业、建筑业管理贷款余额占比达 78%,信用贷款余额占比达 99%,中长期贷款余额占比超 98%。出于微众银行服务客群的特征,持续的疫情对微众银行的风险控制带来了考验。

三、小额贷款公司信贷业务

小额贷款公司是由自然人、企业法人与其他社会组织投资设立,不吸收公众存款,经营小额贷款业务的有限责任公司或股份有限公司。小额贷款公司须持有小额贷款牌照,该牌照是由相关省级金融监管单位颁发的、允许合法经营小额贷款业务的资质金融牌照,具有区域性,即只能在当地开展业务。

小额贷款公司主要经历了 3 个发展阶段,分别是 2005—2008 年的试点探索阶段,2008—2015 年的扩大试点阶段以及 2015 年至今的调整转型阶段。小额贷款公司的设立合理地将一些民间资金集中了起来,规范了民间借贷市场,同时也有效地缓解了三农、中小企业融资难的问题。

2014—2022 年间,小额贷款公司人民币个人信贷业务整体贷款余额保持稳定(详见图 1-7),基本维持在 9 000 亿元左右,仅 2017 年到 2018 年贷款余额较高,约 1 万亿元。但从整体机构数和从业人员数来看,二者均保持下降态势,其中机构数从 2014 年末的 8 720 家降至 2022 年 6 月的 6 038 家,从业人员数从 2014 年末的 109 948 人降至 2022 年 6 月的 59 733 人。可以发现,小额贷款公司正在逐步整合阶段,在精简机构和从业人员的同时保持业务量的相对稳定,作为银行信贷的重要补充,小额贷款公司发展逐渐受到越来越强的监管,汰弱留强可能成为未来的趋势,随之而来的可能是相关机构的规范性提升和规模上的做大做强。在处置不良贷款的过程中,小额贷款公司一直表现得较为粗放,暴力催收屡见不鲜,在规范性提升和规模扩大的未来趋势下,这种催收方式也会逐渐被淘汰,随之而来的是对法律金融科技的需求。

从小额贷款公司的地域分布来看(详见图 1-8),2021 年小额贷款公司期末贷款余额最多的是重庆,共计 2 407.23 亿元,占全国比重为 25.57%;其次是广东,共计 895.46 亿元,占比 9.51%;再次是江苏、浙江,分别为 774.33 亿元和 535.75 亿元,占比 8.22% 和 5.69%。

2021 年江苏省小额贷款公司机构数量最多,为 581 家,占全国比重为 9%;其次是广东,为 420 家,占比 6.51%;再次是河北和辽宁,分别为 387 家和 377 家,分别占全国小额贷企业数量的 6% 和 5.84%。

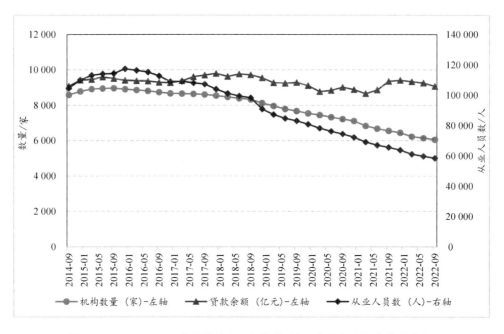

图 1‑7　2014—2022 小额贷款公司机构数、从业人员数和期末贷款余额

数据来源：Wind

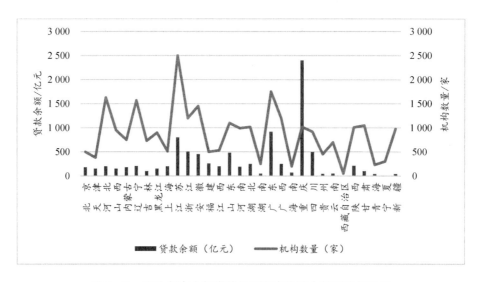

图 1‑8　2021 年末小额贷款公司期末贷款余额和机构数量

数据来源：Wind

四、消费金融公司信贷业务

消费金融公司是指经银监会批准,在中华人民共和国境内设立的,不吸收公众存款(可以吸收股东境内子公司和境内股东的存款),以小额、分散为原则,为中国境内居民个人提供以消费为目的的贷款的非银行金融机构。消费金融公司提供的消费贷款不包括购买房屋和汽车,且需具备小额、分散原则。

消费金融公司的发展主要经历了四个阶段:第一阶段是从 2009 年开始试点,仅有北京、上海、天津、成都批筹四家消费金融公司;第二阶段是从 2013 年至 2016 年试点逐步扩大,合计批筹 17 家消费金融公司;第三阶段是从 2016 年起,消费金融公司设立进入常态化,至 2019 年数量增至 24 家;第四阶段是 2020 年至今,消费金融公司数量增至 31 家,其中银行参股、控股的消费金融公司占据绝大多数。当下,还有不少银行在排队申请消费金融牌照,主要以地方性银行为主,除纾困与借机拿到牌照等因素外,更主要的原因可能是消费金融公司牌照可以突破区域性银行的异地展业限制。

消费金融市场近两年发展迅速,规模快速扩大。根据 2023 年 7 月中国银行业协会发布的《中国消费金融公司发展报告(2023)》,截至 2022 年末,消费金融公司服务客户人数突破 3 亿人次,达到 3.38 亿人次,同比增长 18.4%;资产规模及贷款余额双双突破 8 000 亿元,分别达到 8 844 亿元和 8 349 亿元,同比增长均为 17.5%,高于经济和消费增速,为恢复和扩大消费需求作出了积极贡献。

第二节　个贷业务不良贷款情况

一、银行机构不良贷款

(一)分类型银行不良贷款规模及占比

不良贷款规模及不良贷款率是判断金融机构风险的重要指标。根据银保监会数据,截至 2022 年末,银行业金融机构不良贷款余额 3.8 万亿元,较年初增加 1 699 亿元。不良贷款率 1.71%,同比下降 0.09 个百分点。商业银行逾期 90 天以上贷款与不良贷款的比例为 78%,保持较低水平。2022 年,银行业金融机构累计处置不良资产 3.1 万亿元,其中不良贷款处置 2.7 万亿元。

2014 年至 2022 年间,全国商业银行总体不良贷款余额持续增长,从 2014 年 3 月的 6 461 亿元增长到 2022 年 12 月的 29 828 亿元。这期间,全国商业银行不良贷款规模在 2014 年至 2020 年保持较快增长速度,年均增长率约为 52%。在 2020 年后总体不良贷款余额增长有所放缓,至 2022 年末年平均增速为 4.65%,可见 2022 年后监管部门对商业银行的不良贷款规模控制和商业银行的风险管理能力有一定的加强。与此同时,商业银行总体不良贷款率也呈现出与不良贷款规模相似的趋势,在 2022 年 9 月到达 1.96% 的峰值后持续回落,2022 年末商业银行总体不良贷款率为 1.63%,在近三年来得到了有效抑制。

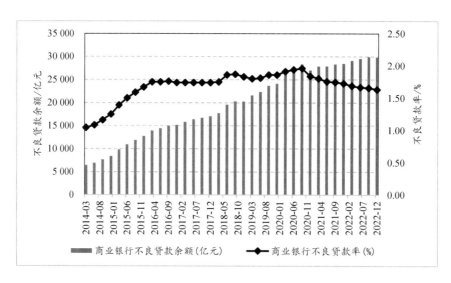

图 1-9　2014—2022 全国商业银行不良贷款余额及不良贷款率

数据来源：Wind

2014 年至 2022 年间,大型商业银行不良贷款余额持续增长,从 2014 年 9 月的 4 272 亿元增长到 2022 年 6 月的 11 873.15 亿元。这期间大型商业银行不良贷款规模经历了两轮较快的增长,分别是 2014 年下半年到 2016 年初和 2019 年初到 2020 年末。以 2019—2020 年为例,大型商业银行不良贷款规模从 2019 年初的 8 095 亿元增长到 2020 年末的 11 051.5 亿元,年均增长率达到 18%,这一方面是由于贷款规模增长导致的,另一方面全国金融机构不良贷款率在这一时期也出现较快增长。在经历金融监管部门的调控后,不良贷款率在 2021 年之后逐渐降低,到 2022 年 6 月,大型商业银行不良贷款余额共计 11 873.15 亿元,不良贷款率为 1.34%,较 2020 年末下降了 0.18 个百分点,如图 1-10 所示。

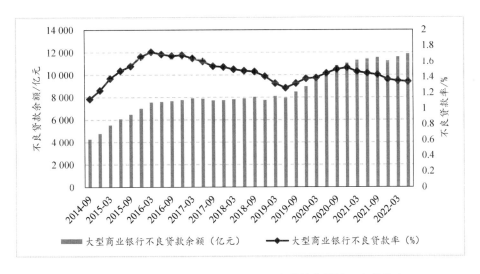

图 1-10　2014—2022 大型商业银行不良贷款余额及不良贷款率

数据来源:Wind

近年来,股份制商业银行不良贷款规模从 2014 年 9 月的 1 527 亿元增长到 2022 年 6 月的 5 144.11 亿元,年均增长率达 33.8%,如图 1-11 所示。股份制商业银行的不良贷款率在 2014 年后持续攀升,到 2017 年稳定在高位,直到 2020 年第三季度,股份制商业银行的不良贷款率一直维持在 1.6% 的较高水平。在强监管的控制下,2021 年第四季度之后,股份制商业银行不良贷款率持续下降,至 2022 年 6 月,不良贷款率为 1.35%,与大型商业银行基本持平。

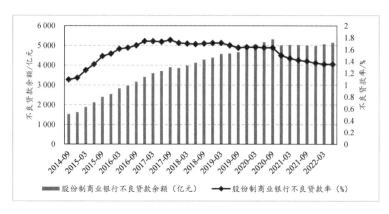

图 1-11　2014—2022 股份制商业银行不良贷款余额及不良贷款率

数据来源：Wind

　　城市商业银行不良贷款规模同样经历了快速增长，尤其是 2014 年至 2019 年间，从 2014 年 9 月的 786 亿元增长到 2019 年 9 月的 4 214 亿元，年均增长率达到 87%，随后保持稳中有升态势。不良贷款率在这一期间也在不断攀升，从 2014 年 9 月的 1.11% 提高到 2019 年 9 月的 2.48%，为历年来最高值，见图 1-12。随后大多保持下降，到 2022 年 6 月，城市商业银行不良贷款规模为 4 701.85 亿元，不良贷款率为 1.89%，高于大型商业银行和股份制商业银行平均水平。

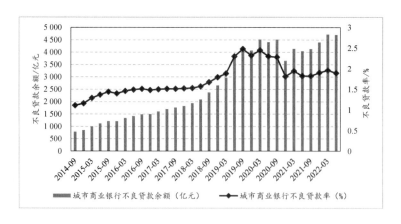

图 1-12　2014—2022 城市商业银行不良贷款余额及不良贷款率

数据来源：Wind

农村商业银行不良贷款规模和不良贷款率增长趋势与城市商业银行相近,从 2014 年到 2019 年经历了快速增长,不良贷款规模从 2014 年 9 月的 1 002 亿元增长到 2019 年 9 月的 6 146 亿元,年均增长率达 102.7%。2019 年之后其不良贷款率持续下调,但是农村商业银行不良贷款率下降幅度较城市商业银行更小,且整体来看,农村商业银行的不良贷款规模和不良贷款率均远超城市商业银行。截至 2022 年 6 月,农村商业银行不良贷款规模达 7 543.99 亿元,不良贷款率为 3.3%,不良贷款率为所有类型银行中最高的,峰值为 2018 年 6 月的 4.29%,见图 1 - 13。

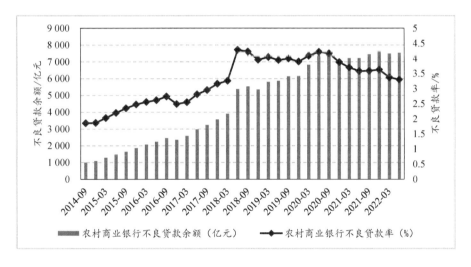

图 1 - 13　2014—2022 农村商业银行不良贷款余额及不良贷款率

数据来源:Wind

外资商业银行在所有类型银行中维持了最低的不良贷款率,这可能与其相对较高的风控水平以及面临更严格监管有关。2014 至 2016 年其不良贷款规模和不良贷款率经历了快速的增长,其中不良贷款规模从 2014 年 9 月的 133 亿元增长到 2016 年 9 月的 157 亿元,年均增长率为 9%;不良贷款率从 2014 年 9 月的 1.16% 增长到 2016 年 9 月的 1.41%。随后外资商业银行不良贷款率基本保持下降态势,到 2022 年 6 月,其不良贷款率仅为 0.8%,不良贷款规模为 123.29 亿元,如图 1 - 14 所示。

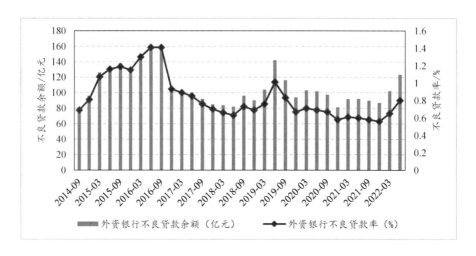

图 1 - 14　2014—2022 外资商业银行不良贷款余额及不良贷款率

数据来源:Wind

(二) 个人不良贷款的规模及占比

个人不良贷款的规模和占比,直接反映了在银行违约风险管理中个人信用风险的危险程度和重要程度。根据银保监会数据,2014—2020 年我国商业银行个人贷款不良规模持续扩大,总体个人贷款不良余额从 2014 年的 882.3 亿元增长至 2020 年的 3 697.14 亿元,由图 1 - 15 可知 2020 年商业银行总体不良贷款规模为 27 014.77 亿元,个人不良贷款占比为 13.7%。由此可以看出个人贷款的不良规模随着商业银行信贷规模和个人贷款规模的不断扩张而增加,与此同时,2014—2020 年个人贷款的不良率基本在 0.6%～0.8% 的区间波动。

从总体个人不良贷款的构成来看,根据银保监会数据,商业银行个人不良贷款主要由信用卡、汽车、住房按揭、其他四种用途构成。以四类用途的个人贷款不良余额分别与总体个人不良贷款余额做比,得到 2014—2020 年个人不良贷款结构如图 1 - 16 所示。可以看出,信用卡不良一直占个人不良贷款的四成以上,连同住房按揭不良构成了个人不良贷款的主要部分,而汽车不良余额的占比一直相对较小。

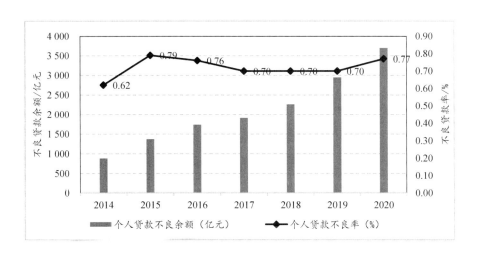

图 1‐15　2014—2020 全国商业银行个人贷款不良余额及不良率

数据来源:Wind

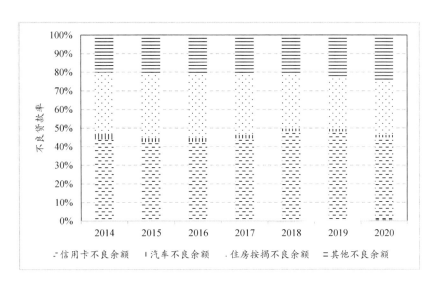

图 1‐16　2014—2020 全国商业银行个人不良贷款结构

数据来源:Wind,银保监会

从总体个人贷款分用途的不良贷款率变化来看,四类主要用途的个人贷款不良率呈现出不同的趋势。根据银保监会数据,如图 1-17 所示,在四类主要用途的个人贷款中,住房按揭贷款不良率一直处于低位且保持平稳,在 0.29%～0.4% 的范围内浮动;汽车贷款不良率呈现下降态势,从 2016 年的峰值 2.29% 降至 2020 年的 1.3%;信用卡不良率一直略高于其他不良率,且二者变化幅度保持同步,近年来呈现略微上升的态势。到 2020 年,信用卡不良率已经成为四类个人贷款中最高的,2020 年不良率为 2.12%,这表明近年来信用卡违约可能是个人信用风险发生的重灾区,应予以特别的重视和防范。

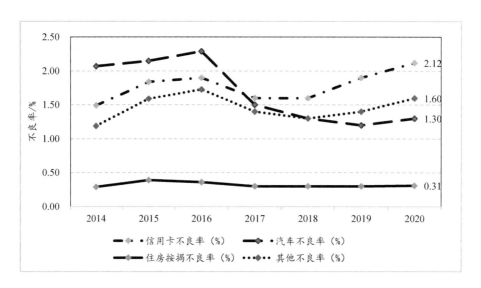

图 1-17 2014—2020 全国商业银行个人贷款不良率(按用途分类)

数据来源:Wind,银保监会

遗憾的是,银保监会公布的商业银行个人贷款不良贷款余额和商业银行个人贷款不良率这两个口径对的数据都只更新到 2020 年,此后这两类统计数据已经停止发布,近三年的个人贷款不良情况我们只能从具有代表性的几家银行数据中窥得一些端倪。

(三)五大行的个人贷款不良率及其结构

根据上市公司年报数据进行整理如表 1-1 所示,2022 年五大行个人贷款不良率分别为：工商银行不良贷款率1.38%，个人贷款不良率0.60%；农业银行不良贷款率1.37%，个人贷款不良率0.65%；中国银行不良贷款率1.32%，个人贷款不良率0.71%；建设银行不良贷款率1.38%，个人贷款不良率0.55%；交通银行不良贷款率1.35%，个人贷款不良率0.85%。可以看出，五大行个人贷款整体上不良率较低，体现了较好的风险管理水平。

因中国银行在2022年年度报告中未披露个人不良贷款的用途明细，本书仅归纳梳理了其余四大银行的不良贷款明细数据，如下表所示。四家银行在不良贷款披露口径上有一些差别，但是在个人不良贷款余额、个人住房贷款、个人经营性贷款、信用卡透支、公司贷款、不良贷款总额等数据口径上保持一致。

表1-1 四大行不良贷款数据明细 单位：万元

	工商银行	农业银行	建设银行	交通银行
个人不良贷款余额	4 955 500	4 904 800	4 537 500	2 000 300
个人住房贷款	2 539 400	2 725 800	2 384 700	673 100
个人消费贷款	398 500	242 800	262 200	0
个人经营性贷款	845 400	376 900	269 400	171 600
其他个人贷款		764 500	274 300	224 600
信用卡透支	1 172 200	794 800	1 346 900	931 000
公司贷款	27 161 500	21 507 800	22 907 400	7 848 700
票据贴现	0	0	0	3 600
境外及其他贷款	0	693 600	1 837 600	0
不良贷款总额	32 117 000	27 106 200	29 282 500	9 852 600

数据来源：上市公司年报

根据表1-1中数据对四家银行的不良贷款结构进行分析，如图1-18所示。从图中可以看出，四家银行的不良贷款中，公司不良贷款的占比区间约为80%～85%，个人不良贷款的占比区间约为15%～20%。由于股份制银行、城商行、农商行等商业银行在业务类型和比重上与国有大型银行存在一定差异,各家的情况不一而同,且没有统一而明确的行业数据表明行业情况,此处不再赘述。

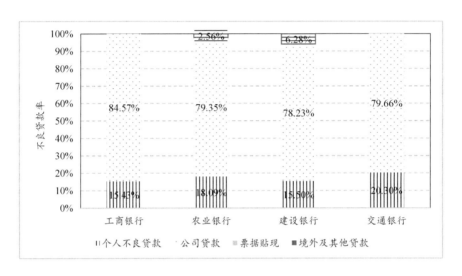

图 1-18　四家国有大型银行不良贷款结构

数据来源:上市公司年报

根据表 1-1 中数据对四家银行的个人不良贷款结构进行分析,如图 1-19 所示,可以看出个人住房不良贷款在工商银行、农业银行、建设银行个人不良贷款中的占比最大,信用卡透支次之;信用卡透支在交通银行个人不良贷款中的占比最大,个人住房不良贷款次之。其他商业银行以及整个银行业的个人不良贷款结构可能有所不同,此处不再赘述。

根据表 1-1 中数据,对四家银行的个人不良贷款中各项用途的不良贷款率进行计算,如图 1-20 所示,四家银行各项不良率呈现出依用途而不同。如果不考虑其他个人不良贷款中各家银行的情况不尽相同,则四家银行中个人住房贷款的不良率普遍最低,而消费贷、信用卡的不良率普遍较高,尤其是信用卡的不良率比较突出。其他商业银行以及整个银行业的情况可能有所不同,不再赘述。

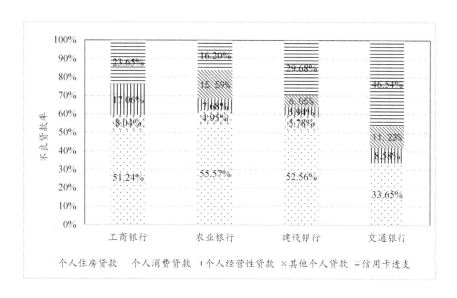

图 1 - 19　四家国有大型银行个人不良贷款结构

数据来源：上市公司年报

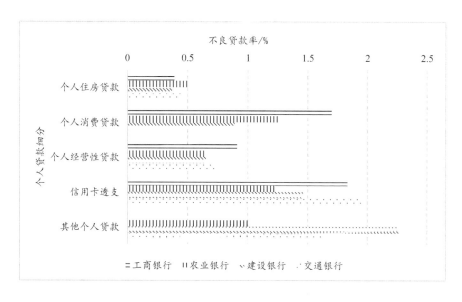

图 1 - 20　四家国有大型银行个人贷款细分项不良率比较（%）

数据来源：上市公司年报

前文提到，近年来信用卡规模迅速扩张，结合四大国有商业银行信用卡不良率相对其他子项较高，不难看出信用卡近年来"跑马圈地"式的粗放经营，暴露出了在风险管理上的短板。其他银行的信用卡不良率也可以佐证这一结论，例如股份制银行中，兴业银行、中信银行、招商银行信用卡不良率 2022 年均出现走高，兴业银行信用卡贷款 2022 年不良率为 4.01%，较上年末上升 1.72 个百分点，中信银行、招商银行截至 2022 年末不良率分别为 2.06%、1.77%，较上年末分别增长 0.23 个百分点、0.12 个百分点。又例如在区域性银行中，郑州银行信用卡余额不良率为 2.09%，较上年末增长 0.03 个百分点。

对于近年来信用卡市场信用风险凸显的问题，2022 年银保监会、央行发布《关于进一步促进信用卡业务规范健康发展的通知》，对信用卡业务管理、发卡营销、授信风控等方面提出更高要求。受这一监管规定的影响，多家银行在 2022 年下半年采取了对长期睡眠卡进行销卡或暂停服务等措施，不仅为快速扩张的信用卡市场规模进行了降温，也有利于银行加强业务风险管控，提升经营能力。

二、互联网平台、小额贷款公司及消费金融公司不良贷款

由于 2015 年中国网贷平台风险频发，国家开始加强监管，2016 年正式出台《网络借贷管理暂行办法》，将网络借贷纳入法制监管范畴，以推进该行业更好发展。此后，国家相继出台《商业银行互联网贷款管理暂行办法》《网络小额贷款业务管理暂行办法（征求意见稿）》《关于进一步规范商业银行互联网贷款业务的通知》等办法和文件，互联网平台个人信贷业务得到进一步规范。目前尚未有全国性互联网平台借贷不良率数据，部分机构公布了开展互联网贷款业务的不良情况，可以提供近似参考：例如网商银行在 2021 年末的不良贷款率为 1.53%，较 2020 年同期的 1.52% 略有上升，且再创新高。此前数据显示，网商银行 2016 年、2017 年、2018 年和 2019 年的不良贷款率分别为 0.36%、1.23%、1.3% 和 1.3%，整体呈上升态势。微众银行的不良贷款率为 1.20%，相比之下，其 2019 年、2020 年的不良贷款率分别为 1.24% 和 1.20%。可以发现，

正规网贷平台的不良贷款率大致保持较为稳定水平,且整体水平与银行业个贷不良率相差不大。

应该注意的是,在整顿互联网贷款和现金贷过程中,有较多的原网贷用户转移到了银行个人信贷业务,包括个税贷、企业贷、信用卡等,以及风控相对不够严格的农商行和农信社贷款,而这一部分用户往往有较大资金缺口,增加了银行机构的不良发生风险。此外,一些网贷用户往往在多个网贷平台和银行个贷、信用卡等业务之间周转,网贷平台整治导致贷款收缩或停顿可能引发银行贷款和信用卡贷款无法周转,进而产生不良贷款。以上两种渠道均增加了银行机构的不良贷款发生率,可能提升金融风险发生的可能性。央行数据显示,截至二季度末,信用卡逾期半年未偿还信贷总额为842.85亿元,占信用卡应偿信贷余额的0.98%。上述渠道发生的风险转移一定程度上增加了信用卡违约风险的压力。

小额贷款公司同样经历了强监管时期,但由于小额贷款公司一般由实体企业发起设立,而其派驻的部分经营管理人员往往直接来自实体企业或外聘少部分金融机构人员,缺乏系统的金融系统管理经验,对于贷款业务的基本逻辑、经营策略等均不够熟悉,导致小额贷款公司的经营管理水平较低,在客户准入标准、客户资质要求、贷款审查审批、贷后管理以及对从业人员的行为管理等方面可能存在要求不严格、管理不规范等问题,导致部分小额贷款公司的信用风险、操作风险、道德风险都比较大。如《2020年重庆小贷行业发展报告》报告显示,截至2020年底,重庆全市共有小贷公司贷款余额1 780.8亿元,整体不良贷款率为9.43%,较年初增长了2.13个百分点。宁夏2020年9月末小贷公司逾期贷款余额25.4亿元,逾期率53%,不良贷款余额16.9亿元,不良率36%。可以发现,小额贷款公司不良率远高于银行业和互联网平台。

持牌消费金融公司在规模扩张过程中也出现了两极分化,头部的招联、兴业、马上、蚂蚁四家消金公司的资产规模,加起来超过4 000亿元,已经占据了行业一半规模。与此同时行业出现了风险上升、规模收缩、利润放缓、定价下降的趋势。由于各家持牌消费金融公司的具体不良率数据较少有披露,仅有少数历史数据可作为参考。例如中邮消金不良率连续三年超过 2.3%，2019 年—2021 年间不良率分别为 3.33%、2.83%、2.31%。又例如湖北消金，2019 年至 2021 年末，湖北消费金融公司的不良率分别为 2.21%、2.32%、2.35%，连续三年上升。更为宏观和具有参考性的行业不良率数据有待进一步披露，此处不再赘述。

三、经济下行条件下呆账坏账情况预测分析

经济增速下滑给商业银行带来了较大的风险压力。从宏观分析层面来看，国际经验表明，商业银行的不良资产率对 GDP 增速的弹性系数为 0.5，因此，在经济下行周期，商业银行的不良资产率可能持续攀升，这给银行带来较大的信用风险。从风险生成机制来看，经济下行周期内，客户收入下降引致资金普遍缺乏、还款能力变差、信用状况脆弱，导致坏账呆账情况增加，增大了金融机构流动性风险。同时，经济下行的长期持续可能对人民的经济生活产生深刻影响，短期的收入下降风险会积聚，导致长期的还款能力下降，信用借款可能直接转变为坏账，抵押借款也可能从借款人的信用风险转化为抵押风险，当经济下行趋势未能得到缓解时，相应抵押品价值也会迅速下降，导致抵押品难以变现或变现价值缺损严重，进而导致相应借款转变为坏账呆账甚至是损失。

从风险交互作用来看，经济持续下行会引致三条主线的风险：企业的产能过剩、房地产市场的"衰退式"泡沫和外汇市场的本币贬值。第一，企业层面的产能过剩以及宏观经济的通货紧缩会导致企业利润下降、实际债务上升，进而导致企业收入下降、资产负债表恶化，在此条件下，企业会面临减少投资、清偿债务以减少利息支出、进行资产抛售等，这可能导致资产价格下降并引起经济下行趋势加剧。在此过程中，企业资产负债表恶化同样会导致银行资产负债表恶化，加重银行业经营压力。第二，经济下降的持续进行可能引起房地产市场的"衰退式"泡沫，一旦房地产泡沫破裂，作为银行抵押的最主要抵押品，可能对银行资产负债表产生极大的负面影响，导致金融风险的发生。第三，经济下行会导致外汇市场上本币贬值，进而引发资本外流，而这会加剧房地产市场

泡沫破裂的可能性,导致金融风险发生,而银行资产负债表的恶化同样会引发外汇市场的本币贬值和资本外流,形成恶性循环。如果银行不良贷款风险或企业债务风险之一急剧上升,则有可能出现两种金融风险交替攀升的恶性循环(见图1-21)。例如,当非金融企业债务风险因融资成本高、"三去"压力大、企业盈利能力差等进一步恶化时,一方面许多企业将会破产,这直接导致银行不良贷款大幅增加,另一方面一些产能过剩行业将会增加银行借贷来维持经营和偿还利息,这也会导致银行业的潜在不良贷款大幅攀升,呆账坏账率也会相应快速增加。

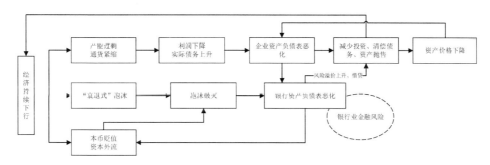

图 1-21 经济下行条件下风险传导机制

此外,2020年突如其来的新冠疫情使得全球经济行业形势恶化,尤其是线下实体金融行业瞬间进入寒冬。借款者还款能力和还款意愿大幅下降,线下消费被按住暂停键,放贷量和还款量面临双降,加之疫情的持续和不确定性依然在蔓延,经济复苏的预期仍存在悲观情绪,这种情况下客户对于借款的未来还款来源将产生巨大的落差,呆账坏账的发生率也可能因此剧增,由此必然导致金融机构个人信贷业务逾期率的攀升。

第三节 个贷业务中的信用风险及化解需求

一、经济下行条件下还款能力和还款意愿分析

近年来,由于需求收缩、供给冲击、预期转弱等多重因素叠加,宏观经济景

气度有所下降,下行压力显著增大。受疫情冲击的影响,部分生产要素的供应减少或中断,进而影响产品或者服务的供给价格,并通过产业链的传导,产生连锁反应,甚至已由局部的冲击演变成对全球经济的影响,造成成本推动型的通货膨胀,严重影响全球经济运行和稳定。世界经济面临较大衰退,外部需求崩塌并将通过贸易、投资等渠道,内溢至国内,加大中国经济下行压力。

自 2010 年之后,我国 GDP 总值在不断上升,但是经济增长速度逐年放缓,尤其是 2012 年之后,相比于 2011 年的 9.55% 增长率,2012 年的增长率下降到 7.86%,到疫情前的 2019 年,GDP 增长率仅为 5.95%。受到新冠肺炎疫情影响,2020 年 GDP 增长率跌入谷底,为 2.2%,2021 年国家出台了强刺激政策,加之国外需求上涨,GDP 增长率提升至 8.1%,如图 1-22 所示。

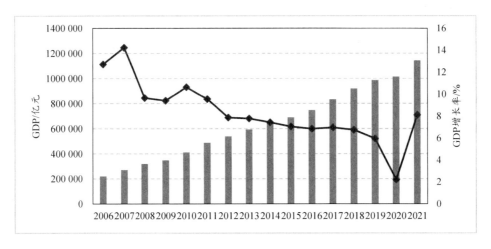

图 1-22　2006—2021 年中国 GDP 及其增长率

数据来源:Wind

第一,经济下行可能导致客户还款能力下降。一方面,经济不景气势必导致企业利润下降,甚至出现亏损,随之而来的是宏观层面的失业率增加和微观层面的居民收入降低,这都会导致消费者还款能力降低、延迟还款。与此同时,个人信贷业务的信贷风险逐渐向抵押风险转化。在经济下行的背景下,抵押品资产价值也会进一步流失,可能导致抵押风险向金融机构损失转化。另一方面,经济下行使得居民收入下降,而从上文分析可知,个人信贷业务中以中长期消费性贷款占比最多,这就使得经济上行时期相对轻松的还款金额在经济下行周期内骤然增大,直接导致客户还款能力降低。

第二,经济下行可能导致客户还款意愿降低。一方面,经济下行周期内客户的经营能力和盈利能力都会受到较大的负面影响,当盈利能力低至无法覆盖贷款利息时,个人经营性贷款的还款意愿会大幅下降,与此同时,其消费性贷款的还款意愿也会受到波及。另一方面,经济下行周期内房地产市场不景气,房产销售下降,导致一些房地产商的资金链断裂,为补充资金链,部分房企可能会通过降价、优惠等提高销售回款能力,但当房价持续降低甚至低至银行按揭贷款额度以下,客户的还款意愿会极差,违约风险也会大幅提升。

一般来说,还款能力和还款意愿共同决定一笔贷款是否能够正常完成还款,是影响借款人是否发生金融风险的主要因素。其中,还款能力是客观因素,还款意愿是主观因素。综合来看,根据欠款人的还款能力和还款意愿,可将其分为四种主要类型,即:一是有还款意愿和有还款能力的欠款人,二是有还款意愿但没有还款能力的欠款人,三是无还款意愿但有还款能力的欠款人,四是无还款意愿也无还款能力的欠款人。在上述四类欠款人中,后三类欠款人都有可能产生个贷风险,导致出现逾期甚至违约,从而导致坏账的发生。在经济下行因素之外,借款人的还款意愿和还款能力还受家庭变故、自然灾害、债权人产品设计或评估不合理、金融机构出现操作风险或道德风险等因素。

二、违法中介诱发和加深个人信用风险

个人信用风险不断增加和累积,一方面与借款人自身的信用和贷款资质有关,另一方面也受到违法贷款中介诱骗的推波助澜。个人信贷风险可能不仅仅是涉及违约的民商事法律风险,一些情况下也会涉及刑事犯罪风险。近几年以贷款诈骗为代表的涉银行信贷类犯罪案件数量不断上升,其犯罪主体是以"黑中介"为主的不法贷款中介,也即"黑中介"。这些不法贷款中介往往以征信白户或者信用较差群体为主要目标,通过宣称有所谓"银行绿色通道"、

可以洗白征信等，诱骗贷款人向其缴纳一定的中介服务费即可轻松放贷。黑中介通过各种非法手段，将客户本身信用度进行所谓的包装和提升，以此向银行等金融机构贷款，后从中赚取差价。有的黑中介承诺向正规银行贷款，实际是高息网贷，受害人付给中介手续费外，还要承担高额利息。有的黑中介甚至在收取中介费后直接拉黑跑路。不少违法中介还提供涉及违规"转贷"，即声称可提供房贷转经营贷、经营贷付首付等服务。

而在实际操作中，借款人最终拿到手只是部分款项，却欠了银行巨额贷款。即便少数人通过包装贷款成功，也改变不了骗贷的本质。一经查出，不仅会被列入银行黑名单、收回贷款，还有可能与贷款中介一起触犯刑法。现实中有借款人利用经营贷还房贷后，被银行起诉要求提前还款。去年底以来，已有海南、深圳、辽宁等多地提示违规"转贷"风险。而在这些业务中，违法中介利用银行之间贷款数据不互通的漏洞，诱导贷款人在不同银行都进行贷款，增加了道德风险和多家银行同一贷款人信用风险的发生。

针对此类恶性事件，银保监会在专题会议中再次提醒广大消费者警惕不法中介诱导，认清违规使用经营贷置换房贷的风险，保障自身合法权益，并于2023年3月发布《关于开展不法贷款中介专项治理行动的通知》，要求各银保监局、各银行业金融机构要深刻认识不法贷款中介乱象的严重危害，成立专项治理行动领导小组，制定具体工作方案，部署开展为期六个月（2023年3月15日到2023年9月15日）的不法贷款中介专项治理行动。

三、不良发生率增加情况下的法律诉讼难题

还款能力和还款意愿下降条件下，不良贷款的发生率也会大幅增加，同时表现为个人贷款违约后催收难，综合体现为发生个人信用风险，表现为三方面：一是找人难，即债务人会通过更换联系方式、变更住址等方式失联以逃避催收，债权人难以通过传统手段与其进行联系并通知到位；二是立案难，个人贷款案件金额小、数量庞大、手续复杂，而法院处理能力已超负荷，难以及时处理如此大量同类型案件，许多个贷案件因此难以立案；三是执行难，被执行人

可事先将财产转移或藏匿,使债权人难以追寻到其真实财产情况并进行有效执行,贷款难以得到有效回收。而这些情况都导致法律催收存在诸多困境,主要包括以下因素。

第一,银行等金融机构化解个人信用风险的能力不足。在过去银行更关注公司客户的服务,在个人贷款领域的人员队伍和服务体系建设较慢,没有跟上个人贷款业务的发展和不良贷款的增长速度,使其难于化解。如前文所述,近年来我国经济处于增长速度换挡期、结构调整阵痛期和前期大规模刺激政策消化期,经济下行周期的长期持续使得宏观经济整体增速放缓,部分行业利润下滑,收入增长缓慢甚至负增长,导致不良贷款快速增加,同时促使催收业务量大幅增长。然而银行短期内还无法适应这种增长,主要有以下原因:

一是我国银行个人贷款业务发展历史不长,总体上一直处于扩张期,特别是近些年呈现井喷式发展,致使银行对"量"的追求大于对"质"的把控,并没有及时积累起丰富的个人贷款风险管理经验和不良贷款处置经验。银行面对突然大量增加的不良个人贷款不适应,催收策略、催收技巧等都比较笨拙,催收效率、效果低下。二是相关法律法规体系、社会信用体系建设滞后,加之公民契约意识还比较薄弱,导致个人逾期、违约成本甚至逃废债成本极低,增加了催收难度。三是银行催收人员普遍没有接受过专业系统的培训,缺乏法律意识,容易造成违规催收甚至暴力催收等不合规风险。四是个人贷款具有笔数多、金额小的特点,无论是自主催收还是利用法律手段催收,需要安排大量人力、物力专业处理,成本投入巨大。

因为上述原因,银行为了控制成本、减少合规风险,往往将催收工作外包了之。但又因为对外包机构选择不当、对催收人员管理不善、对客户信息保护不规范形成新的风险。例如 2022 年 6 月 2 日,中国银保监会北京监管局公开了对中国民生银行信用卡中心等 2 家银行的行政处罚,处罚内容为"信用卡催收严重不审慎"。

此外,银行的考核机制也成了影响银行风险把控和成本权衡的重要因素。例如在不少银行的考核体系中,"消费者权益保护"和储蓄存款业务发展同等重要,在考核指标中权重相当。当出现个人信贷违约时,银行往往会权衡是否会因借款人的投诉而影响消费者权益保护的评分,进而陷入成本陷阱,影响到对银行个人信用风险的把控。

第二,投入产出不经济且不可持续。由于个人不良资产具有很强的周期性,随着经济环境的变化呈现较为明显的波动,如果银行在不良资产高峰时期增加大量从事清收工作的队伍,那么在经济形势好转、不良资产整体下行时会出现较大的人员冗余和调整成本。

第三,个人信用风险化解的手段单一,缺乏足够丰富的手段和工具。由于我国信用体系建设还不完善,银行、法院化解个人信用风险主要依靠风险发生前的标准审查、贷款分散化和风险发生后的催收、诉讼等手段,在风险发生前无法精准刻画用户的信用形象,在风险发生时无法第一时间识别,在风险发生后难以挽回损失,并且大幅增加业务成本。对于化解个人信用风险十分有效的信用信息、多维数据、数字科技、信用保险等工具的手段运用还处于起步阶段,行业尚未能够建立起统一、规范、标准、有效的个人风险化解机制。未来个人不良贷款的处置,前端化和线上化的趋势和需求会愈发明显。

第四,法院案件处理难的机构困境。不良贷款的增加也给法律案件处理带来困难。根据聚法案例的数据,2021 年金融借款合同纠纷案件涉案 802 063件,位于所有案件类型的第 4 位。机构诉讼前 5 位的为招商银行信用卡中心、中信银行信用卡中心、上海寻梦信息技术有限公司、中银消费金融有限公司、广州拉卡拉网络小额贷款有限公司,其中 4 家为金融机构。此外,上海高院通报的上海法院金融商事审判情况显示:2021 年,上海法院共计受理一审金融商事案件 197 484 件,同比上升 10.16%,审结 197 090 件,同比上升 10.18%;共受理二审金融商事案件 3 348 件,收案数量为近五年来最高,其中一审金融商事案件标的总金额为人民币 1 999 亿元,同比上升 10.7%,金融借款合同纠纷和保证合同纠纷案件标的金额大幅上升,两类案件标的金额占比超过标的总金额的 50%。从案件类型来看,收案数量排名前五的金融商事案件类型分别为金融借款合同纠纷、信用卡纠纷、融资租赁合同纠纷、保险类纠纷以及证券虚假陈述责任纠纷,这五类案件共占一审金融商事案件总数的97.3%。

可以发现,金融借款合同案件占据了法院案件的较大比例,且近年来呈现快速上升趋势。这给法院案件处理带来了诸多困境。

第一,在制度层面,个人信贷案件缺少针对性的解决方案。法院办案依据的《民事诉讼法》,实际上是基于对抗性的纠纷来解决的,而个人信贷类案件纠纷,实际上很多时候不具有其他类型案件纠纷的对抗性,而是更像一种金融确权,在法律意义上更像是一种债权确认性的纠纷。

第二,金融借贷合同案件的数量仍在持续增长,但法院的处理能力已经超负荷,先后几任最高院院长在每年全国"两会"工作报告中,都明确提到法院系统"案多人少"、法官工作负荷重的问题。上海交大凯源法学院程金华教授(2022)①对全国1 099名法院司法人员的调查发现,76.98%的受访司法人员均认为自己每周工作40小时或者更长时间,其中64.15%的受访司法人员认为工作负担较重,有8.29%认为工作负荷难以承受,两者加起来达到72.44%。同时,法院工作人员不可能大幅扩编,有限的人员无法应对暴增的案件,法院在办案电子化、线上化程度上落后于个人信贷案件线上化、数字化的发展,使得诸多案件处理时效被大幅拖长。除了办案人员,在调解纠纷中发挥重要作用的调解员等角色也存在大量人才缺口,同时在技术上缺少支撑,造成了调解案件数量大、调解员工作量超负荷、调解工作效果有限等情况。

第三,各级法院尤其是基层法院受到调解率、结案率、执结率等考核机制的制约,部分法院在考核压力下不愿接受金额小、数量多、手续复杂、执行困难的个人信贷案件,常常以追求完成考核指标数据为目的暂缓立案,致使许多个人信贷案件立案困难,这在相当长的时间内成为掣肘司法途径的瓶颈问题,银行大多数个人贷款纠纷都没有走司法程序。近年来最高人民法院坚持问题导向,及时对部分中基层法院年终暂缓立案等不良做法立规矩、画红线,一定程度上改善了上述情况,但实现司法途径的畅通仍需时日。

---

① 程金华.法院"案多人少"的跨国比较——对美国、日本和中国的实证分析[J].社会科学辑刊,2022
(05):72-84.

第四，个人信贷案件增加了律师的工作量，同时对律师缺乏足够的吸引力。已有研究发现，律师的工作强度普遍较大。例如，智和研究院的随机调研发现，每周工作 40～60 小时的律师最多，占 50.7%。其次是工作 60～80 小时的律师，占 27.9%。工作 40 小时以下的律师占 14.3%；工作 80～100 小时和100 小时以上的律师较少，分别占 6.4% 和 0.7%。工作强度高于 40 小时的占比约 85.7%，执业 3～7 年的律师每周工作时间最长，半数执业 10 年以上的律师每周工作 60～80 小时，加班是普遍状态。在满负荷运行的状态下，律师接受金融借贷案件的热情也比较低：一方面，个贷业务的特点决定了相关案件更具有关系简单但流程繁琐的特征，大量重复性简单工作不仅耗费工作时间，也无法带来工作经验的提升；另一方面个人信贷案件的立案、执行难度普遍很大，对律师来说产出效益低下，难以产生足够的吸引力。此外，一旦个人风险案子增加，而如果律师还负责此前已经启动的公司类案件，由于公司类案件单户标的金额大、收益高，往往会造成律师更重视公司类案件的情况。

四、不良贷款增加的风险衍生

（一）暴力催收

1. 暴力催收概念界定

"金融普惠"助力了个人信贷业务的快速发展，在互联网技术和平台的助推下，普惠金融业务成为我国金融机构的重要选择之一，但随着个人信贷业务的快速发展，不良贷款的发生以及对不良贷款的催收也走进公众的视野。

对于银行的不良资产，存在四方面合法参与方：银行、法院、律所和不良资产平台等接收方，通过诉讼追偿、资产重组、债权转股权、多样化出售、资产置换、租赁、破产清算等多种方式进行不良资产处置。对于个人信贷中的不良贷款，银行往往通过债务催收的方式进行处置。债务催收（debt collection）是指债务人出现逾期不能还款或构成违约的情形，债权人以其自身名义或委托第三方服务方以债权人名义对未清偿款项进行收取的活动。合规合理的债务催收如申请仲裁、向法院提起民事诉讼等方式并不违法，但在实际情况中由于司法途径不畅通,加之许多催债主体往往缺乏法律意识,一直游走在法律边缘甚至公然违法犯罪,由此衍生了暴力催收。暴力催收是债务催收的变形和极端形式,是严重的违法行为。

所谓暴力催收,一般指的是催收平台在电话、短信等催收手段中使用了欺骗、威胁、恐吓的语言,以及骚扰欠款人亲友这种"软暴力"。例如,没有向贷款平台提供过信息的亲友也被催收,在催收业内称为"爆通讯录"。

暴力催收主要体现在三个层面的催收行为失范:催收对象、催收时间和催收方式。第一,催收对象。根据法律关系的界定,一般而言借款人的社交关系中仅有两类主体有义务担负借款人逾期的债务,一是未成年人的监护人,二是基于婚姻法夫妻共同财产制的配偶。因而在催债对象方面,配偶与未成年人监护人可以进行催收,但催债方式应当受催债行为规范的限制。《深圳网贷催收规范》中关于"禁止性催收行为"将利用社交圈进行催债的方式纳入:首先,借款人以外的第三人明确拒绝向催收人员提供借款人的信息时,催收人员不得追问借款人的同学及亲友。其次,严禁向借款人的亲友或资料联系人等直接进行催收。由此可见,对于催收的对象限制为债务人,信息获取渠道为债务人的家人、同学、朋友等,且要经其同意。第二,催收时间。当前法律并未对催收时间等进行规范,《深圳网贷催收规范》中规定借款人所在地时间上午 8:00 至晚上 9:00 为催收正常时间段。当催收人员仅以催回借款为业绩考量时,催收时间则难以限制,在不当时间进行催收不仅影响借款人正常的休息与安宁,也使得借款人的家人、邻居的安宁权受到不当侵犯。第三,催收方式。不当的催收行为可能导致借款人或他人的合法权益遭受侵害,如电话恐吓借款人;侮辱借款人的家属、朋友、同事;尾随借款人;私自闯入住宅、破坏财物;非法拘禁借款人;泄露身份信息;在住所外墙上张贴海报、涂写辱骂性字句、不间断地电话骚扰、冒充律师发送邮件或短信,且前述内容多为虚假误导性或威胁恐吓;更有甚者,在"于欢辱母杀人案"中,其中的手段极端且恶劣,弹烟灰至女性胸口、将鞋捂住借款人之嘴等。

2. 暴力催收情况

2019 年,警方查处的"51 信用卡"委托外包催收公司冒充国家机关,采取恐吓、滋扰等软暴力手段催收债务的行为,涉嫌寻衅滋事等犯罪,就是典型的暴力催收案件。而"51 信用卡"是中国首个且最大的在线信用卡管理平台、最大的独立在线信用卡申请平台,信用卡管家注册用户达到 8 340 万人,管理的信用卡数量达 1.387 亿张,可见,暴力催收逐渐成为催收业务中值得关注的群体事件。此外,还有一些持牌金融机构以及知名金融服务平台,均被曝出催收相关投诉,有不少源自其外包的催收机构。

经过长年发展演变,暴力催收行为呈现多样化、专业化的特点,主要呈现出以下两个特点:一是分工明确、组织清晰。比如,组织中有人负责发送恐吓、威胁信息,声称不还款将采取种种手段,甚至还将电话打至同事、亲友的手机上,发送垃圾短信轰炸手机等;有人负责尾随欠款人,出入其生活、工作场所,也不实施非法拘禁的行为,但极大地扰乱了日常工作与生活;二是违法占有已经设立抵押的物品,利用格式合同设立高额违约金及不利于借款人一方的合同条款。例如,若欠款人使用车辆或其他动产设立抵押借款时,当借款人稍有违约,债务催收公司并不会给予你辩解的机会,而是利用设立担保时交给贷款公司的备用钥匙等物品,根据 GPS 的定位强行开走车辆,称若要取回车辆便要承担总借款 30% 的违约金并且将剩余欠款一次性还清,否则,不予归还车辆。此时,若借款人向公安机关报案,公安机关会以"民间经济纠纷"为由不予立案,理由是借款人与贷款公司之间存在合法的借贷关系,若构成侵占犯罪则是自诉案件,需要当事人自行向人民法院提起诉讼,此种情形下,多数得不到公安机关的帮助,除非当暴力程度或行为性质发生变化,涉嫌其他犯罪时,公安机关才会介入。若当事人向人民法院起诉,不仅自己收集证据的力量薄弱,且法院判决和执行费时费力,自己的合法财物恐有被转移、变卖的危险。

在中国裁判文书网,以关键词"暴力催收"搜索相关内容,共检索出文书 3 403 篇,其中 2017—2023 年 3 月的案件数分别为 16 件、326 件、805 件、1 199 件、884 件、320 件和 14 件。可以发现,自 2018 年开始,相关案件猛增,尤其是

2020年达到顶峰。涉及诉讼的案件大多为相对恶劣的暴力催收案件,而一般的暴力催收往往未能见诸法庭。百度搜索以全匹配方式搜索"暴力催收",得到相关结果5 990万个,可见暴力催收的公众关注度也越来越高,目前已经成为受到各方关注的社会问题。

（二）非法"反催收""代理维权"

不良贷款的快速新增也催生了非法"反催收""代理维权",通常是伪装成法律咨询平台,进行信用卡债务优化、网贷债务优化、其他律师咨询服务等。"反催收"也叫"债闹",是逃废债行为的一种,主要表现形式有两种:一是债务人通过伪造病历证明、贫困证明,编造艰难处境,甚至恶意投诉金融机构、助贷平台或催收人员等方式达到逃避债务的目的;二是各类地下"反催收"组织打着能为债务人减免债务的幌子,向债务人传授减免息差、延期还款"技巧",甚至以违法手段拒绝偿还债款,并借此牟利。由于不良贷款的快速增长,"反催收"的债务咨询机构在近两年也呈现规模暴增的趋势,例如,以债务咨询、债务规划、债务管理、债务法务、征信修复等关键词为例,查询天眼查可以发现,目前从事该业务的机构在全国至少已达上万家,仅近一年内成立的债务法务咨询公司就达数百家。尽管"反催收"网络群组规模不一,但在获客途径、盈利方式等方面大同小异,逐步形成了专业化、组织化的运营模式,大致分为以下四步:第一步,大肆宣传,获客引流。在抖音、快手、微博等社交平台上,以"代理退保、代客维权"为名义发布虚假广告。更有不少以"晒战绩"的形式,发布各类"攻略"来博取眼球和信任,甚至邀请用户至线下办公地商谈,以证明实力与所谓资质。第二步,建立交集,套取信息。"反催收"网络群组往往通过微信添加好友的形式与客户建立更紧密的连接,进一步获取客户详细的个人信息以及其在各银行、各平台的资产负债情况。第三步,收取佣金,从中获利。佯装专业人士为欠债客户提供解决方案并给予符合客户预期的承诺,进而通过预付费的形式收取服务费——通常为所有欠款总额的10%。第四步,包装材料,恶意投诉。进一步加工客户提供的材料,甚至伪造各类文书、证明等,要求银行满足其提出的不合理要求。如果银行拒绝,最终的操作模式是恶意投诉,这甚至成为反催收的一个重要盈利点。

"反催收"中介主要由无业人员、高负债人员构成，他们共同的特点就是曾经有过逃废债的经历和经验，并从经历和经验中总结出了很多逃废债的方法，甚至通过招收学员的方式，实现经历的二次变现。其中，也有逃废债中介本身是诈骗分子构成，只是利用借款人的贪利心态给予不切实际的意见。"反催收""代理维权"可能导致多方危害：第一，"反催收""代理维权"平台向债务人收取各类服务费，可能使其进一步陷入债务陷阱。第二，"反催收""代理维权"平台通过引诱金融机构和催收机构不当催收，进而恶意投诉、煽动闹事、借助舆论压力达成目的，也会扰乱正常的金融秩序，在社会层面诱发更多风险。第三，"反催收""代理维权"平台快速推高了银行业消费投诉行为，严重浪费并挤占了银行等金融机构的相关资源，使得真正有需求的消费者无法得到保障。

五、个贷业务金融风险化解需求

综上来看，个人信贷业务在整体信贷业务中处于越来越重要的地位。个人信贷业务整体规模巨大且增长较快，截至 2022 年 7 月末，全国金融机构个人信贷业务余额为 73.41 万亿元，占境内贷款业务比重达 36%。伴随着个人信贷业务规模的扩大，其金融风险也随之扩大，尤其是个人信贷业务相较于企业贷款而言，其发展相对较晚，业务流程、风险管理、制度建设等尚不够规范，且由于其面临的客户种类更多、产品种类也更复杂，个人信贷业务也面临较大的信用风险、道德风险、操作风险、法律风险等问题。尽管由于个人信贷业务更为分散，集中风险相对较小，但随着个人信贷业务规模的积聚，其整体风险仍不可小觑。因此，强化个人信贷业务金融风险控制，运用法律金融科技等手段加强不良贷款管控显得尤为必要。

从个人信贷业务结构来看，中长期消费性个人贷款占据绝对比重，平均占比约为 60%，受经济下行和房地产市场疲软等的影响，其金融风险也在积累，需警惕次级住房贷款带来的金融风险。

从不良贷款情况来看，据银保监会统计：①不良贷款规模。截至 2022 年 6

月,大型商业银行不良贷款规模最大,为 11 873.15 亿元,其次为农村商业银行的 7 543.99 亿元;再次为股份制商业银行和城市商业银行,分别为 5 144.11 亿元和 4 701.85 亿元,外资商业银行不良贷款余额最低,仅为 123.29 亿元。②不良贷款率。农村商业银行的不良贷款率最高,为 3.3%,加之其不良贷款规模较大,整体风险最大;其次为城市商业银行,不良贷款率为 1.89%;再次为股份制商业银行和大型商业银行,分别为 1.35% 和 1.34%,外资商业银行的不良贷款率最低,仅为 0.8%。

互联网借贷平台业务在经过国家强监管管控后,整体业务水平在收缩,互联网借贷平台不良率尚处在正常区间,与银行业相差不大,假定参照网商银行的不良率计算,全国网贷平台不良规模约为 700 亿元。小额贷款公司信贷业务保持稳定,贷款余额维持在 9 000 亿元左右,但机构数量和从业人员数在缩减,正经历整合阶段,按照重庆小贷行业不良率计算,不良贷款规模约为 800 亿元,与互联网平台借贷不良规模相当。

整体来看,个贷业务不良贷款仍集中在银行机构,尤其应关注大型商业银行、农村商业银行等机构的不良贷款。网络借贷平台和小额贷款公司更容易因不良贷款催收引发暴力催收等恶性行为,应重点关注如何处理、化解和处罚催收违规行为。

(一)个人还款意愿和还款能力降低的化解需求

经济下行可能导致客户还款能力和还款意愿下降,对此应做到分类施策,针对不同情况制定不同的风险化解方案。对于因宏观经济环境影响而产生暂时性经营困难、现金流停滞的借款人,如果其个人资产负债率仍在银行风险评估的合理范围之内,并且经科学评估该借款人在暂时性的困难过后能够恢复正常经营,可以对其采取有针对性的个人贷款纾困方案,例如对因受疫情影响的借款人实施延期还款、调整还款计划、减免罚息等纾困政策,同时积极配合政府相关扶持政策,可以有效缓解其短期还款压力,有助于提升中长期的还款意愿和能力。对于因经济下行导致行业发生变动甚至失业,从而导致中长期现金流不确定性较大的借款人,应利用好科技带来的优势,一方面通过数据和算法来分析评估借款人今后的还款意愿,在产生逾期等情况时及时判断借款人今后的还款能力,进而做出科学决策。另一方面,科技也有利于帮助借款人获得更多创造现金流的机会,提升还款能力,进而减少产生呆账坏账的风险。

(二)贷款黑中介加深个人信用风险、引致刑事犯罪风险的化解需求

基于前文所述,违法贷款中介通过引诱、包装等手段,利用道德风险和数据漏洞,在多家银行间套取贷款牟利,最终的违约风险却由信用较差的借款人承担。在实际经营中,银行往往难以鉴别和防范此类诈骗行为,而基于成本考虑也不乐意走民事诉讼的途径,往往是在内部做呆坏账计提处理,不利于银行信贷资金的安全。违法中介的行为也进一步扰乱了金融市场秩序,造成劣币驱逐良币,进一步提升了个人信用较好的借款人的守约成本,增加了潜在的个人信用违约风险。未来无论是从银行内部的风控机制,还是从司法角度,都需要利用科技手段妥善解决违法中介引发的问题,才能使个人信贷市场健康发展。

(三)法律催收困境的化解需求

不良贷款催收是化解个贷业务金融风险的重要途径,但是法律催收的困境往往使得这一途径并不顺畅。因此如何缓解法律催收困境成为化解个贷业务金融风险的关键所在。一是有关个人信贷案件纠纷性质的明确。现实操作中类似于"支付令"制度、担保物权制度等在个人信贷案件中使用较少,而基于金融债权确认的纠纷性质认定和科技赋能的优化路径,如果在实践中尽可能多地使用科技进行辅助判案,通过电子支付类案件等途径环节和优化案件堆积,有助于实现案件数量的减少和判案效率的提高。二是亟待化解催收量快速扩大的现实困境,前文已提及,催收量的快速扩大可能导致银行等金融机构难以应对,而这催生了第三方催收业务的诞生,规范第三方催收业务并探索新的应用技术以降低催收时耗并提升催收效率是未来发展的重中之重。三是亟待化解法院等机构的案件处理困境,个贷业务逾期带来同质化案件量的提升,如何优化案件处理方法,提升处理效率也是化解这一金融风险的重要方向。四是亟待化解律师等法律催收人员的工作负担困境,传统的业务模式难以适

应未来的案件量增长需求,律师被困于大量重复性案件处理工作,一方面难以保证案件的时效,另一方面也增加了案件出错的可能,因此需要着力寻求替代技术化解律师工作量困境。五是借款人由于经济环境和财务情况变化不能及时偿还欠款时,遭遇暴力催收、个人隐私泄露等困境,既可能造成还款意愿进一步降低,也不利于借款人正常生活。

（四）个贷业务衍生风险的化解需求

前文所述,个贷业务金融风险可能衍生暴力催收行为和"反催收"行为的加剧,而这也要求在化解金融风险的同时关注这类衍生风险。相关机构针对此类行为已经出台了相应政策,但实际执行手段仍需要探索。

暴力催收层面。校园贷、培训贷、现金贷甚至银行与网络平台联合贷款委托的第三方催收中都存在诸多不当的债务催收行为,"于欢案"等一系列不法催债事件时有发生。暴力催收极大地扰乱了社会的和谐稳定,侵犯了借款人的人身权利和财产权利。尤其是互联网平台和小额贷款公司的借贷业务,由于不规范放贷和隐蔽的高利率,借款人无法及时还款,平台坏账率高企,导致部分平台勾结黑恶势力通过各种非法手段逼迫借款人或其家人进行还款,暴力催收问题由此产生。国家出台一系列相关政策规范暴力催收行为。如2019年10月21日起施行的《关于办理非法放贷刑事案件若干问题的意见》,就已经明确暴力催收内容:一是为强行索要因非法放贷而产生的债务,实施故意杀人、故意伤害、非法拘禁、故意毁坏财物、寻衅滋事等行为,构成犯罪的,应当数罪并罚。二是纠集、指使、雇佣他人采用滋扰、纠缠、哄闹、聚众造势等手段强行索要债务,尚不单独构成犯罪,但实施非法放贷行为已构成非法经营罪的,应当按照非法经营罪的规定酌情从重处罚。2019年12月27日,中国人民银行发布《中国人民银行金融消费者权益保护实施办法(征求意见稿)》。《征求意见稿》第二十四条指出,金融机构向金融消费者催收债务,不得采取违反法律法规、违背社会公德、损害社会公共利益的方式,不得损害金融消费者或者第三人的合法权益。金融机构委托第三方追讨债务的,应当在书面协议中明确禁止受托人使用前款中的追讨方式,并对受托人的催收行为进行监督。

"反催收""代理维权"层面。由于"反催收""代理维权"手段越来越多元、方式越来越恶劣,这条黑色产业链也已被监管和业内所关注。2021年2月26日,银保监会明确表示,将全力维护出借人的合法权益,坚决打击恶意逃废债行为,加强对"反催收联盟"等违法违规网络群组的治理。人民银行金融市场司及中国互联网金融协会等草拟了《金融领域违法违规代理维权活动认定指引(内部过程稿)》和《金融领域代理维权互联网信息发布基本要求(内部过程稿)》,目前正在行业内征求意见。这两个文件从身份认证、信息发布内容、动态管理等多个方面进行明确,精准打击"反催收"行为:如身份认证方面,监管要求平台机构对各类账号准入设置门槛,收费型金融代理维权主体应当限定为经国家司法行政部门批准的律师事务所、基层法律服务所、律师或其他法律服务工作者。如果该主体没有经过批准,则应向平台机构承诺不向客户违规收取服务费用,且不得收取金融代理维权费用,否则不得发布金融代理维权信息。信息发布内容方面,除了不得发布"反催收""逃废债务""代理维权"等标签字样,也不得以"维权不成功不收费""成功处理 XX 个案例"等此类宣传语宣示或承诺胜诉率;不得承诺逾期后可协商再分期;并且要求这些账号不得虚构或者篡改交易、关注度、浏览量、点赞量等方式欺骗、误导用户。维权手段方面,对于唆使金融消费者无视合同约定、捏造事实、伪造证据材料、编造"非恶意逾期""不可抗力"等理由,使用固定投诉模板或投诉话术进行投诉或举报,扰乱社会秩序;或者组织金融消费者或投资者以缠访闹访等手段,通过滥用投诉举报、信息公开、复议诉讼、监察投诉、信访等权利向金融机构施压等,都认定为违法行为。

然而,政策的制定虽然能够在一定程度上遏制相关问题的发生,但是暴力催收行为和"反催收"行为仍时有发生,一方面因为法律规章的规制仍然存在一定的漏洞且定罚边界难以掌握,导致传统的民事和刑事手段难以全面打击暴力催收行为和"反催收"行为;另一方面,相关法律法规的执行困难是困扰治理的难点,债务催收公司和"反催收联盟"有各种手段和方法逃避执行,让法院和金融机构束手无策。未来可能依托法律金融科技和金融科技手段强化执行工作，以提高司法执行效率。

第四节　法律金融科技解决个人信用风险化解需求和痛点的实施路径

近年来随着个人贷款需求逐年增加，个贷业务在中国各金融机构所占份额也在大幅提升，加之互联网借贷平台和小额贷款公司近年的快速发展，个贷业务金融风险也越来越受到关注。个贷业务的规模和占比攀升势必带来不良贷款规模的提升，在经济下行压力下，个贷业务的不良发生风险也在持续提升。规避和化解个贷相关业务的金融风险成为当下应重点关注的问题。个人贷款案件的特点是金额小、数量大，每笔业务需要的法律要件与大额公司贷款数量相当，同类贷款法律要件雷同。因为案件数量大，许多基层法院个人贷款案件都需要排期，大量相似的案件也使得人工处理容易遗漏，造成许多重复劳动，既影响了法院、律所的工作效率，也容易导致出现错误。

当前大量的个人信贷纠纷不能进入法律程序，一方面降低了催收效率，不利于金融机构进行风险化解，另一方面暴力催收造成社会风险，不利于借款人合法权益得到保护。而法律金融科技在这一领域的应用有助于解决上述问题。法律金融科技在广义上泛指法律事务的科技化应用和法律自身科技的完善及其自身的变迁，在狭义上指通过将现代技术与法律体系结合，利用信息技术、大数据、人工智能、区块链、智能合约等新技术重新建立新标准、新服务和新手段。法律金融科技在不良贷款催收、智能合约应用、自动化技术应用、标准化和批量化处理法律文件等方面的应用越来越成为法律服务市场的新的成长点。

以法律手段有效化解个贷信用风险成为当前的重要任务，也是建设诚信社会的必要途径。法律金融科技将法律部门与现代技术相结合，为法律问题提供了先进而快速的解决方案。当事人通过标准化的法律金融科技第三方平台(也即数字化不良资产处理平台),获得更多技术和服务上的支持进行调解处置。当前法律金融科技对个人金融信用风险化解重点包括:一是利用科技手段,强化信息对称,实现交易重新定价和重新确立久期;二是利用科技手段,有效突破逃废债现象;三是利用科技手段,批量化标准化,提高化解环节效率;四是利用科技手段,提高化解环节的衔接成本;五是利用科技手段,提高违约成本或加大警示作用。法律金融科技能够从以下几个渠道助力个人信用风险化解:

一、强化诉前调解执行力度,促进构建诉源治理新格局

党的十八大以来,以习近平同志为核心的党中央高度重视纠纷源头化解和基层社会治理工作,将诉源治理工作明确为一项重要改革任务,并强调把非诉讼纠纷解决机制挺在前面,推动更多法治力量向引导和疏导端用力。为深入贯彻落实习近平总书记关于"坚持把非诉讼纠纷解决机制挺在前面"的重要指示,法律金融科技可向着加强矛盾纠纷源头预防、前端化解、关口把控等方向发力,协助健全预防性法律体系,从源头上减轻诉讼案件的数量压力,完善多元纠纷解决机制建设,促进构建诉源治理新格局。

通过制定有效的诉前调解方案,法律金融科技可以完善调解信息协同共享、信息安全脱敏等功能,使法院、调解中心、金融机构以及当事人共同参与协商,实现依法调解,在政策允许和尊重双方意愿的情况下高效率、低成本地化解纠纷,做到把矛盾化解"关口前移",提升法院的整体诉前调解率,减轻立案压力。

通过签订智能合约,法律金融科技可以实现在不进行诉讼的情形下解决逾期、违约和不良贷款等问题,替法院分流,使法律资源得到更有效、更充分的利用。这种解决方案通过显著简化的程序和技术框架,既节省了时间成本,也避免了诉讼过程中各种不确定性和风险,为各参与主体提供了更加便捷、高效和精准的服务。

通过利用大数据分析等技术,法律金融科技可以精准了解欠款人的财产

情况,包括房产、车辆等固定资产以及银行账户等流动资产,从而确认欠款人所持财产,及时进行诉前保全,实现合法保全,为准确执行、保证债权人合法权益提供帮助。

二、提升个贷催收质效,推动催收领域进行有效化管理

在当前债务违约现象不断增多、不良贷款规模持续增长的趋势下,现阶段个贷催收主要有三个难点:一是找人难,即债务人会通过更换联系方式、变更住址等方式失联以逃避催收,债权人难以通过传统手段与其进行联系并通知到位;二是立案难,个人贷款案件金额小、数量庞大、手续复杂,而法院处理能力已超负荷,难以及时处理如此大量同类型案件,许多个贷案件因此难以立案;三是执行难,被执行人可事先将财产转移或藏匿,使债权人难以追寻到其真实财产情况并进行有效执行,贷款难以得到有效回收。法律金融科技有望利用信息技术、大数据、人工智能等新技术特性,提高法律工作者处理金融贷款回收案件的工作效率,进而提高贷款回收速度和回收率。

首先,法律金融科技可以利用互联网、大数据技术,收集债务人的相关信息,如通过手机 IP 定位、社交媒体、支付信息定位等方式,在保证合规的前提下能够及时找到债务人所在位置及通信方式并通知其还款。

其次,由于个人贷款案件同质化的特点,可以利用法律金融科技实现批量资料整理、智能案件调解和自动立案,使得律师、法官等更快捷、更高效地处理贷款回收案件。例如 AI 解决方案可以更快提供文件分析结果,并在短时间内提供对应的解决方案,以往需要几天甚至几个月才能由人工完成的工作,技术可以在几分钟内完成。麦肯锡全球研究所估计,现有的法律技术可以使得23%的律师工作量自动化。

此外,人工智能正在通过进行耗时研究、文件审查和案例分析来改变法律领域并提高效率。例如签订智能合约,在必要情况下还可以协助法院执行或强制执行相关追索措施,有助于提高法律工作者处理贷款回收案件的工作效率,提高金融机构贷款的回收速度和回收率,更好地维护债权人的合法权益。

三、加强全流程的规范运作,提升各项业务的合规性

法律金融科技可以在协助银行贷款和法院办理案件的过程中提升内部各个环节的治理水平,从而提高业务的合规性,减轻贷款发放和回收的操作风险,降低个贷业务风险发生的概率。

法律金融科技在处理金融贷款逾期案件时能够降低人工处理造成的偏差、疏漏和错误,通过构建智能化、规范化的工作流程,放贷和办案过程更加可追溯,贷款审批和案件处理更具有准确性和可靠性,从而提高案件处理的准确性,进而有助于化解不良贷款回收困难的金融风险。这些错误可能是因为部分法律工作者自身技术水平不高,也可能因为无意的疏漏,但这都可能对案件产生重大影响。尤其是一些错误可能代价高昂,特别是当文件已经提交给法院时,撤回甚至重新提交都需要花费大量的时间和精力,但人工处理繁杂的法律文件很容易出现错误,如果使用人工智能或相关技术,出错的机会则会大大降低,进而间接提高案件处理效率。

此外,传统贷款运作方式中可能存在各种不透明操作,例如黑色交易和幕后交易等道德违规行为。法律金融科技可以帮助银行在贷款流程中实施更加严格的监督管理,保证相关流程及文件的真实性和完整性,规避了许多不透明交易方式,帮助其客户清楚地了解他们的案件进度,费用和其他相关信息。这种以客户为中心的方法对法律服务行业是一种新的突破,同时也规避了许多不透明交易方式。

四、深化个人信用风险提前防范,降低潜在风险隐患

法律金融科技不仅能够在化解个人信用风险事件中发挥作用,更重要的是在事前做好个人信用风险防范。传统的贷款申请程序往往需要很多繁琐的文件,申请程序复杂,这使得借款人很难完全理解其权利和责任。法律金融科技可通过简化贷款申请程序手续,让借款人更清楚地了解申请过程、自己的借贷情况和可能面临的风险,从而在贷前做出谨慎选择。传统的风险管理方法

主要基于人工经验进行判断,这样往往会存在判断不准、漏判和误判等问题。应用法律金融科技,可以通过数据分析和智能算法来识别借款人的信用风险和偿债能力,放款前精准识别风险客户,并制定更合适的贷款和还款计划。法律金融科技还可以从海量数据中发现隐含的规律和趋势,帮助金融机构更好地了解市场动态和行业趋势,从而更好地预防个贷风险。

针对前文提到的违法中介诱骗借款人进行违规贷款,法律金融科技也可以提供解决方案,通过对大量案件和案例的分析总结,生成智能化的模型,并在其中寻找共性特征,进而防范和减少大量此类恶性事件的发生,一定程度上能够保护银行信贷资金的安全同时降低许多借款人遭遇法律刑事风险的可能。对于银行和法院,法律金融科技的应用也有助于减少诉类、完善银行风控机制,助力司法系统推进诉源治理。通过法律金融科技应用,能够有效解决贷款中介引发的风险化解需求,同时在个人信用发生前就做出有效防范和化解,更有利于个人信用金融领域的良性发展。

五、优化法律资源配置,深化法律普惠

法律金融科技有助于实现诉前依法协商、调解和保全,也有助于在诉讼和执行过程中提升业务规范和催收效率,有利于银行等金融机构、法院等司法机构、律所等法律服务机构解决当前面临的个贷案件处理瓶颈,大幅提升处理能力和效率。

法律金融科技还可以使得法律服务资源得到更有效、更充分的利用。法律金融科技可以高效处理大量同质的金融机构的贷款回收案件,而有限的人力资源则集中配置到法律和案件研究等工作上,进而提升各类案件处理效率,优化法律资源的合理高效配置。利用人工智能创建人工客服,有助于金融机构提供 24 小时服务,及时获取借款人需求,减少信用违约摩擦;利用失联修复技术,法律金融科技能够协助金融机构和法院寻找借款人,减少催收和办案成本;利用人工智能创建智能调解员,既能缓解法院的人力压力,又能根据在调解沟通中的反馈进一步对案件和当事人进行画像分析判断其还款意愿及调节

可能性,进而给出各种情况下的解决方案;利用大数据和人工智能推动智能执行,可以在一些受法律保护的智能条款下安全高效地触发执行机制,减少人工干预。

法律金融科技还可以扩大法律服务覆盖范围,使得法律服务市场不够发达的地区更容易获得法律服务,促进当地金融案件的解决,使得法律服务资源被更有效、更充分地利用,进而协助完善信用社会、法治社会构建,降低金融风险。法律案件处理线上化,有助于扩大司法管辖范围,与司法部门相配合,可以极大地提升办案的便捷性,节约社会成本及法律资源。金融贷款回收案件在全国具有较大的相似性,包括相关合同、法律文件等内容,法律金融科技可以使得相关机构跨地区提供法律服务,一方面促进自身的市场规模扩大,另一方面也有助于化解当地贷款回收难题,进而促进金融风险化解。

第二章 法律金融科技在国际国内的发展情况、前景及挑战

　　法律金融科技的定义，在广义上泛指法律事务的科技化应用和法律自身科技的完善及其自身的变迁，在狭义上指通过将现代技术与法律体系结合，利用信息技术、大数据、人工智能、区块链、智能合约等新技术重新建立新标准、新服务和新手段。法律金融科技在不良贷款催收、智能合约应用、自动化技术应用、标准化和批量化处理法律文件等方面的应用越来越成为法律服务市场的新的成长点。近年来企业和个人债务风险不断攀升，尤其是个人不良贷款案件数量陡增，对银行等金融机构和法院等司法机构带来较大压力。法律金融科技应用成为缓解个贷业务金融风险的重要突破点，以法律手段有效化解个贷信用风险成为当前的重要任务，也成为建设诚信社会的必要途径。

　　本章通过梳理现存的法律金融科技在全球的发展概况、应用领域、发展趋势、政策环境以及应用案例，以及法律金融科技在国内的发展现状与前景，借鉴国外发达国家先进经验，分析和总结我国在这一领域的机会与发展趋势。

第一节　全球法律金融科技发展概况

　　法律金融科技，在国外被称为"LawTech"（Law Technology）或"LegalTech"

（Legal Technology）。此概念经过若干年的发展，已经从依靠互联网技术提升法律服务效率的"互联网＋法律"，拓展到"数字化升级"，即利用新技术（包括信息技术、大数据、人工智能、区块链、智能合约等等）本身的特性，来确保法律服务的专业化、自动化和智能化，实现技术与法律的深度融合。法律金融科技的快速发展也催生了大量致力于"技术驱动法律"的创新企业。

自 2017 年以来，全球法律金融科技技术专利数量增长了 484%，并逐年持续增加。根据 Statista 统计数据，2019 年法律金融科技在全球范围内创造了173.2 亿美元的收入，2021 年收入达到 276 亿美元，并预计 2019—2025 年间复合年增长率（CAGR）将超过 6%（见图 2－1）。信息技术研究分析公司 Gartner 预测到 2025 年，全球法律部门对法律技术的投入将为 2020 年的三倍（见图 2－2）。

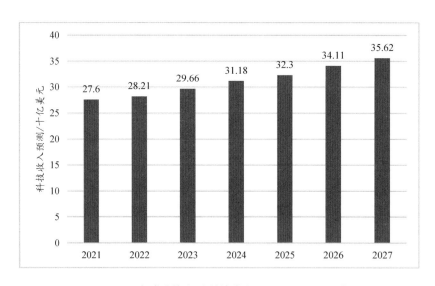

图 2－1　全球法律金融科技收入（2021—2027 预测）

数据来源：Statista 2022

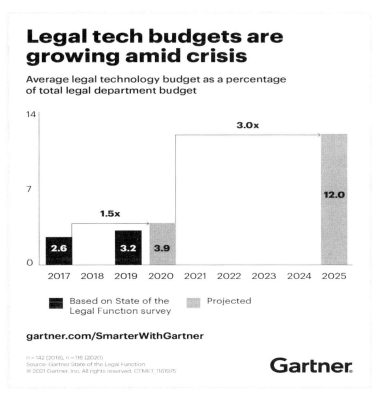

图 2 – 2　Gartner 全球法律金融科技投入预测

目前在法律体系较为成熟的国家中,法律金融科技的领导者多为欧洲和北美的律师事务所,尤其是美国和英国。这些国家拥有强大而发达的法律服务业,其中英国的法律金融科技发展更为成熟。截至 2020 年,英国法律金融科技行业创造的总增加值(general value-added,GVA)达到 4 亿至 6.5 亿英镑之间,占法律服务业产生的总增加值的 1.4%～2.2%。截至 2020 年,英国共有 189 家专业法律技术提供商。

法律金融科技相关领域股权融资额分别为:合规 2.61 亿英镑,法律文件创建、管理和审查 1.64 亿英镑,法律执行和案件管理 1.44 亿英镑。在过去的三年里,对法律金融科技相关初创企业的投资总共增长了 101%,其中对法律文件数字化相关(自动生成、管理和审查)企业的投资增长了 24%,为法律从业人员提供服务类投资增长 15%,为个人和中小企业提供法律服务类投资增长了74%[1]。

英美主要国家政府也对法律金融科技的发展给予了较大支持。如英国的LawTechUK 是由政府支持的一项法律数字化计划，旨在通过提供资金和资源，促进法律产业数字化和相关技术创新，并利用科技来提升、改造英国法律行业。Sandbox Pilot(法律金融科技沙盒)是 LawTechUK 计划的重要组成部分，以沙盒形式支持法律金融科技相关的研发和大规模应用，以实现英国成为法律金融科技全球领导者的目标。

第二节　全球法律金融科技主要领域和发展趋势

一、利用大数据和人工智能重塑法律服务市场

从全球发展情况看，传统法律服务一贯具有较强的"技术免疫力"，在很长时间内很难被新技术发展所改变。但近几年全球法律金融科技的发展表明，倚重信息检索和逻辑推理的部分法律事务确实有大数据和人工智能的发挥空间。

多以结构化、半结构化数据为主的法律法规、案例文书等数据，可以利用大数据技术来进行数据提取、存储、检索、共享、分析和处理，从而帮助从业者和法院等机构提升效率，挖掘法律数据的内涵、分析和评估。与此同时，以ChatGPT、Jasper AI 等模型为代表的生成式人工智能技术擅长分析和解释大量基于语言的数据和信息，通过训练能够很好地阅读、写作和理解基于文本的数据并根据要求完成文档编写，相关人工智能法律服务已经在英美国家的法律检索、文件审阅、案件预测、咨询服务等领域有了相对成熟的发展，帮助法律从业者进行科学合理的预测，为法律服务市场带来了重大结构性变革。人工智能的应用也有助于对当事人自动生成相对标准化的解决方案，强化立场公

---

[1]　数据来源：《2021 年 LawTech 对英国经济贡献报告》(The Contribution of LawTech to the UK Economy)。

正与程序正义,提供更可靠的信任机制,同时助力司法系统的诉源治理。

然而,大数据和人工智能法律服务在发展过程中也面临涉及数据隐私、监督、保密义务和未经授权执业等方面的众多挑战,在发展法律金融科技的同时,英美国家的监管往往和创新同步进行。

二、区块链和智能合约开始进入真实应用场景

随着区块链基础设施逐渐完善,区块链公开透明、集体维护性、可靠数据库等特点开始在具体的法律签约、电子存证等关键环节实现具体应用,以智能化方式构建契约规则。而对于智能合约技术,可以与区块链、分布式账本技术集成,也可以单独使用。尤其在金融、国际贸易等需要大量纸质文件和重复流程的行业,近些年全球数字化的发展将能够被纳入代码自动执行的领域扩大,实现文件中的特定操作自动化,从而创建智能合约。根据 LawTechUK 的统计,英国国际贸易领域平均每年需要上亿份纸质文件,平均每一笔国际贸易交易涉及 20 个实体和 10 到 20 份纸质文件,超过 100 页;而使用智能合约技术后,人部分义档可被转换成实时数字工具,连接到现实世界的事件并进行实时响应,实现提高效率和确定性、捕捉价值数据、最小化人为错误、实现自动报告和监控。

LawTechUK 于近年发表了《关于加密资产和智能合同的法律声明》(Cryptoassets & Smart Contracts – Legal Statement),并出版了《数字争议解决规则》(UKJT Digital Dispute Resolution Rules & Guidance),以帮助解决在新兴技术背景下可能出现的争议,政府法律管理委员会也同时检讨有关电子贸易文件、智能合约及数码资产的法例,以保证一切进展和监管同步。

区块链和智能合约技术在欧美国家受到广泛重视,但在全球范围内的应用仍然较少,并且大多数为各行业孤立使用,尚未打通此项技术所需的"联通性"。国外一些主要国家,例如英国正在通过司法和法律委员会的工作、法律架构倡议和与相关技术公司合作驱动,力求成为智能合同和数字资产相关法律金融科技领域的全球领导者。

三、自动化的应用已经成熟,并催生出新的法律服务业态

欧美金融行业是较早尝试应用自动化强化绩效的领域。摩根大通(JPMorgan Chase & Co.)投入资金设置技术研发中心,研究大数据、机器人技术,寻找降低成本与风险的方案,并于 2017 年推出合约分析智能软件"COIN"(Contract Intelligence)快速分析审查合约文件,代替律师及信贷人员手工流程,将原本每年所需约 36 万小时工时缩至几秒钟内完成,提升效率并大幅降低出错率。COIN 推出后,摩根大通进一步将其应用在其他复杂法律文件上,如信用违约交换(credit default swap)、托管协议(custody agreement),甚至解释条款与分析企业沟通等方面。

随着自动化技术的发展,欧美在机器人法律服务领域出现了大批科技创新平台和服务,一种被称为"替代性服务"的法律服务新业态逐步崛起,此类替代性服务的特点是在某些领域不再依赖律师,而代之以自动化方式提供,综合性、泛法律服务逐渐取代传统单一的法律服务,逐步消除法律资源不对称的问题,也进一步催化出新一代法律服务业态。

第三节 监管及政策环境

从全球范围看,在法律金融科技发展迅速的国家中,监管和政策环境是开发和采用新技术的关键因素,在促进法律技术和市场应用方面发挥关键作用。

英国法律委员会通过加快法案改革,例如承认贸易汇票等文件电子版本的法律效力、数字资产财产权的确认等,确保数字化执法的有效性,确保相关法律本身跟得上科技进展,并为社会服务。同时,其他政府机构,如英国国家档案馆通过将立法、法律、条例、手册和官方材料数字化并在线存储,为机器学习和人工智能数据分析提供便利。

英国政府、监管机构和学术界在"规则即代码"(code is law)领域致力于

与研发、科技和行业同步。例如，英国金融市场行为监管局（Financial Conduct Authority）通过"技术第一"指引和监管沙盒机制，在金融科技、人工智能处理公共数据、民航局无人机、土地注册处、数码身份证标准等领域标准化对于区块链等技术的使用，确保数据交易的速度、透明度和安全性。同时政府在资金和资源支持方面，也同步促进法律产业数字化和相关技术创新。

第四节　不良资产处置催收相关科技使用

利用大数据、人工智能等技术应用实行贷款催收、贷款诉讼等全流程管理在海外的应用比较成熟。不同国家法律体系、经济结构、不良贷款行业和表现形式不同，相关法律金融科技使用的方式方法也不尽相同，然而主要目标都是利用科技减少人工、线下操作，构筑智能化、规范化的工作流程；集成相关债务人、银行、法院、税务等信息，协助资产处置过程。在法律体系较发达的国家，例如英国，更注重建立公共科技法律服务平台的监理，从账期管理等方面预防不良贷款的发生，打通法院以及整个不良资产相关机构的信息体系，增加中小企业享受法律服务的平等性。而在商业银行间接融资方式占主导的经济体，如印度，多使用自动化和大数据，在不良资产管理的全流程，予以跟踪和维护直至贷款个案获得解决。以下重点分析英国、新加坡、美国犹他州、印度以及中国香港等地个人贷款不良资产处置催收的相关科技应用。

一、英国

（一）替代性争端解决机制（ADR）

英国不良资产中，有相当部分来源于中小企业拖欠还款的债务。中小型企业占英国企业的99.9%，约占全国就业岗位和私营部门营业额的60%。对这些企业来说，最大的问题是拖欠还款和缺乏有效的偿还债务方法，中小企业相关不良资产每年给英国经济造成了25亿英镑的损失。

而 2019 年开始的全球新冠疫情使违约、不良资产数量激增,对相关法律服务产生了巨大需求。英国政府寻求建立全面解决方案,以处理及加快解决银行业日益增加的不良贷款。根据《利用线上解决机制解决中小企业延迟付款危机——LawTechUK 可行性研究和概念验证》(Using online dispute resolution to tackle the SME late payment crisis—LawTechUK feasibility study and proof of concept)报告的估计,英格兰和威尔士每年处理约 12 000 宗违约案件,总价值为 115 亿英镑,违约相关案件通常为相对简单、中低金额(违约金额多在 75 000 至 125 000 英镑之间)的案件。

针对此类小额、大量的违约案例,英国和主要欧美国家产生了"替代性争端解决机制(alternative dispute resolution,ADR)"(澳大利亚称为"external dispute resolution",即外部争议解决机制),指双方在不进行诉讼的情形下,达成共识的解决程序及技巧。ADR 相关法律服务替代了部分法院工作,通过显著简化的程序和技术框架,在没有法院判决的情况下解决逾期、违约和不良贷款相关问题。另外,在必要情况下,该机制能够享受法院执行、强制执行和相关追索措施。

利用技术通过替代方法解决不良贷款和违约争端,可以降低法律费用,同时避免损害当事方关系的对抗性程序,为中小企业带来极大利益。近 20 多年来,eBay、PayPal 和阿里巴巴等电子商务公司已经建立并部署了自己的 ADR 系统,处理每年数以亿计的纠纷。

(二)中小企业违约法律争议网上平台

2020 年 6 月,LawTechUK 发起,由英国法律、技术和其他相关专家组成联盟,完成了"中小企业违约法律争议网上平台"(SME dispute resolution platform)可行性研究和概念证明(The SME platform feasibility study and proof of concept),为中小企业提供以科技加持的、法院以外的一种法律服务选择,并计划建立科技平台,迅速、公平和有效地解决与中小企业相关的债务问题。

该平台将与英国现有法院基础设施并列,为当事人提供处理争议的选择,并以与传统法院诉讼截然不同的方式处理全过程。平台包括"ADR 前端门户",并实现与法院系统接口的"蓝点(blue tick)认证"——通过无缝传输数据文件,并在必要时将案件分配给适当的法院、法官或程序。这意味着此平台将嵌入英国法院系统,使当事人迅速有效地处理申诉。

根据预测,该平台可以协助英国企业在五年内解决约 20 万起纠纷,债务总额达到 34 亿美元。平均案件解决时间大概需要 6 至 8 周(目前英国法院相关案件平均处理时间为一年以上),达成和解费用为 50 英镑,或已裁定索赔额的 1%～5%(目前英国法院费用为索赔额的 10%)。

该平台还可以集成到企业发票和会计系统中,可供任何规模的机构用来处理支付纠纷。通过提供开放接口,连接包括行业协会、技术公司、银行、法院等重要部门。平台收取一定服务费用,首个版本将在九个月内推向市场,后继续扩展功能,包括增加大型企业界面、多方纠纷、智能合约解决方案、商品和服务质量索赔等。

二、新加坡

新加坡与其他司法管辖区相比,不良资产相关争端解决系统对技术的使用程度普遍很高。新加坡法院广泛采用包括电子文件(电子诉讼)系统、视频会议、为证人提供的触摸屏显示器以及数字和实时转录服务等技术。《2020 年冠状病毒临时措施法》(Covid-19 Temporary Measures Act 2020)进一步规定了远程听证,以尽可能减少和取消面对面听证。

新加坡通过其社区司法和法庭系统(CJTS)提供电子谈判和电子调解服务,这是一个强制性的在线案件存档和管理系统,负责处理社区争议、企业和个人索赔要求等工作。CDRT 程序产生的任何协议都可以通过法院命令在合同上强制执行,其电子调解协议也是如此。为了简化争议解决程序,电子谈判系统将提议的数量限制为三轮。如果达成和解,当事人可以通过向法院申请同意令。

三、美国犹他州

2018 年 9 月，犹他州法院推出了第一个网上解决平台试点，使犹他州成为美国第二个为小额索赔案件提供网上解决的州（俄亥俄州是第一个）。该平台主要为增加小额索赔诉讼当事人诉诸司法的机会（不包括涉及房东和租客、财产占有及涉及政府的案件）。网上解决系统仍处于试点阶段，除犹他州司法系统，美国国内只有少数法院采用该系统。

原告通过提交小额索赔传票启动网上解决程序，被告人收到传票、登入小额债务网站后，会被要求填写在线表格，以及回答一系列问题。一旦双方登录，法院会指派一名调解人负责案件，与双方讨论问题并制定解决方案，力求达成协议。调解人可以进一步协助双方准备和解或审判的文件（若不能达成协议）。案件登记、文件交换和当事人之间的沟通均为在线，并实时记录。如果当事人达成协议，当事人和/或调解人可以起草和解协议；一旦双方当事人签署协议，协议就由调解人提交给法院，并记录在案。当事人可以决定是否将和解作为法院的判决。如果当事方未能在两周内达成协议，调解人编写一份审判准备文件，概述当事方的立场，提交法院，案件通过传统的法院审理（正常小额索赔案件目录）进行审理。

四、印度

疫情对印度的经济产生了重大影响，不断上升的不良贷款对于印度银行和非银行金融业冲击尤为严重。印度推出 Credgenics 软件即服务（SaaS）债务回收平台，旨在通过数据管理和确保在债务清收过程中减少成本和时间消耗，帮助减轻债权人（银行、非银机构和金融科技公司）的负担。该法律模块简化了向借款人发出法律通知的整个过程，通过数字渠道（短信、电子邮件和 WhatsApp）和物理模式（快递合作伙伴）发送文件。

此外，中国香港推出的《2019 冠状病毒网上解决计划》，为微型、中小型企业提供快捷法律服务。该计划涵盖直接或间接原因涉及《2019 冠状病毒疾病网上解决计划》中所列情况而导致的至少一方为香港居民或公司的价值 50 万港元的纠纷。

该计划由科技公司 eBRAM 推出。eBRAM 通过采用区块链和人工智能技术，提供在线交易工具和网上解决服务，包括电子调解、电子仲裁、电子谈判和其他程序，使文件易于共享，确保真实性，安全性和成本效率。

第五节　国内法律金融科技发展概况

国内法律金融科技尚处于初步发展阶段，目前被广泛认可的法律金融科技市场包括四大细分市场：To G（面向政府端）、To C（面向个人）、To B（面向企业端）、To L（面向律师、律所端）。其中面向政府端产品主要包括司法机关内部系统，如法院内部办案系统、案件统计分析平台，以及对外服务系统，如对外的诉讼服务平台。面向个人端产品主要为个人提供智能法律咨询服务，但由于个人使用频率低，市场分散，客单价低等，且与律所有一定重合，难以形成规模市场。面向企业端产品主要服务于公司管理，包括服务公司整体管理的产品，如同时服务于业务、法务、财务的合同管理系统、电子签等；服务专项法务管理的产品，如知识产权系统、证据存证系统、诉讼案件管理系统、合规系统等。面向律师端的产品主要包括律所行政服务类的账单和案件管理系统，以及辅助律师实质办案的案例法规检索与大数据产品。

近年来国内法律金融科技行业取得了一定进展：一是合同 SaaS 产品涌现，逐步成为企业管理基础设施，这使得企业使用合同管理软件的成本不断降低，合同管理正逐渐成为企业基本配套服务，让企业管理更加合法合规，信息化程度不断提升。二是法律服务标准化、法律文本标准化程度提升，为数字化提供沃土：法务管理一直存在的痛点是，过度依靠专家经验，法律服务难以标准化，容易因专家经验水平不一致而造成法律风险、操作风险，因此推行标准合同模板、诉讼文书模板等成为发展趋势。三是前沿技术与法律行业的天然融合场景助力效能提升：人工智能、区块链、电子签名三大底层技术融入法律金融科技行业，替代部分法务低价值、重复型的劳动，比如通过人工智能识别合同审查中的形式审查（条款重复、序号有误、错别字等），再利用区块链进行合同签约、版权存证。此外，电子签名促进了电子合同的推广普及，为合同生命周期管理、智能合同审查的发展创造了前提。四是技术改造法律逐渐深入。随着上述技术的应用深入，智能合同审查、合同生命周期管理、AI 翻译等领域得到快速发展，应用到法律层面使得常规律师咨询、常年法律顾问、律师匹配、知识产权保护、破产办案、股权服务等取得较大的效率提升。

但与国外相比，国内法律金融科技发展仍存在诸多掣肘。第一，现有法律SaaS 产品主要面向律所及律师提供组织管理、案件管理等服务，这一业务市场空间有限，天花板并不高，难以获得高速且持续的增长。第二，国内市场上面向企业端的法律 SaaS 产品不多，市场接受度低，而这可能是未来的主要发展方向。第三，行业市场主要集中于面向政府端产品，而其他类产品发展速度较慢，尤其是不良资产处置催收的相关科技应用缺乏，包括不良资产管理的信息化体系、不良资产全流程管理的信息化应用等。

第六节　国内法律金融科技提升金融风险化解能力面临的挑战

随着法律金融科技的日趋成熟和相关应用领域的不断拓展，法律金融科技未来有望在解决好个人信用风险化解难题的基础上，进一步拓展功能和场景，提升化解包括个人信用风险在内的各类金融风险。而这一前景的实现，需要法律金融科技行业突破当前面临的一些挑战，寻找到合适的提升和完善路径。

一、数字化不良资产清收的数据合规问题

数字化的不良资产处置系统通过大数据技术对不良资产进行外部数据采

集、数据挖掘、智能分析自动化形成不良资产处置所需的信息,克服传统人工处理时间成本消耗严重的弊端,提高不良资产处置的效率。然而,在我国数据隐私保护强度不断升级的背景下,数据处理与流转过程中产生的数据合规问题也需获得更多的关注。例如,数字化不良资产清收系统在接收不良资产债权人(金融机构)或律师事务所提供的债务人信息时,即涉及债务人个人身份信息的转让。

从传统的不良资产清收模式考察,《金融资产管理公司条例》第十三条规定,金融资产管理公司收购不良贷款后,即取得原债权人对债务人的各项权利。原借款合同的债务人、担保人及有关当事人应当继续履行合同规定的义务。当贷款合同约定的还款期限届满,借款人不履行还款义务且无法联系,而金融机构决定向金融资产管理公司打包出售不良资产时,转让人完成公告通知义务后,可以根据前述条例和双方签署的不良资产转让协议向受让人转交贷款合同,包含其中的债务人个人信息。前述条款既符合《中华人民共和国民法典》第五百四十七条"债权人转让债权的,受让人取得与债权有关的从权利,但是该从权利专属于债权人自身的除外"的规定,同时也为债务人个人信息向受让人转移匹配《中华人民共和国个人信息保护法》第十三条提供法定理由——"为债务人继续履行原借款合同所必需"。因此,"为履行法定义务所必需"可以作为传统模式下金融机构为处置不良资产向受让人提供债务人信息的合法性基础。

然而,在数字化不良资产处置系统的模式下,金融机构与金融科技公司所签订的合同在性质上应属于技术服务合同,并非传统模式下的债权转让合同,金融机构依然享有对债务人的债权。因此,作为个人信息的处理者,金融机构是否享有将债务人的个人信息转移至金融科技公司的权利,有待商榷。根据《中华人民共和国个人信息保护法》第十三条的规定,若无本条规定的法定事由,则个人信息处理者处理个人信息需取得个人同意。由于我国目前尚未对金融科技公司接受个人信息数据转让制定相应的规范,故其不符合第十三条第三项"为履行法定职责或者法定义务所必需"的规定。同时,因为金融机构与债务人订立贷款合同时,难以预测该笔贷款是否可能存在违约风险,并且向金融科技公司提供个人信息也并非追偿债务的"必需"途径,故第十三条第二项"为订立、履行个人作为一方当事人的合同所必需"也难以适用,从而可能产生金融机构数据处理合法性上的疑虑。在实践中,银行的个贷信息数据是不可以转移到第三方科技公司的;从法律角度,科技公司想要取得这些数据或者进行处理,还是要获得当事人的同意,并且还需要做进一步的厘清和论证。

二、区块链与算法的技术风险难题

目前,数字化不良资产处置系统选择利用区块链技术搭建底层信息平台,以提高数据信息的安全性。例如,汉资公司的"汉法智存"产品即为汉法通区块链存证云管理系统,该产品利用区块链技术对原始凭证材料的内容梳理、格式规范,实现全链条电子证据材料的统一规范与安全加密存储。此外,区块链技术中的算法还被应用于不良资产处置案件的筛选、汇总与统计,并基于案件筛选结果执行智能化指令,如催款或减免债务等。

区块链技术的应用首先解决数据的信任问题,其将基于"人"的信任,转换为基于代码+分布式账本平台的信任,实现业务自理、运营自律、管理权限去中心化等优势。区块链技术的应用使各方参与者均无法越权获取数据,使得每一笔交易都可被追溯,有效地解决不良资产处置中的信任缺失问题。同时,区块链技术下的共识算法提高了业务效率。区块链对链上数据的防篡改和可追溯性,为链上数据的真实有效性提供了保障,对数据的再使用方可以减少在检验数据真伪上的开销,从而提升不良资产处置平台的数据处理质量和效率。

虽然区块链技术与算法的运用在实现信息可靠性与不可篡改性维度具有显著的技术优势,但是其技术特质也并非完美,在金融应用场景下区块链技术与算法的技术风险也依旧存在。在不良资产清收领域,区块链与算法的技术风险主要表现为以下三点:一是区块链技术具有一定的延迟性,在应用于不良资产处置流程时,往往需要下载全部的历史数据才能进行全面审核评估,难以完全匹配不良资产处置过程中专业性强、业务链统一和沟通需求较多的特点。

二是区块链下共识算法的特点是数据的可追踪性以及记录的永久可查性。该项特征为解决市场信息不对称的问题做出了重要贡献,但是也给信息修改造成了困难。以不良资产信息的输入为例,如果这一过程中发生错误,而此时的修正方法只能是继续输入新的修正内容,同时对原错误部分进行关联,这将导致信息链占用空间较大。三是不良资产的处置流程具有周期较长、项目非标准化等特点,难以采取大规模的推广模式,这在一定程度上限制了金融科技的应用范围。以大数据、区块链为代表的金融科技手段在强化学习、数据分析等方面为业务人员决策提供了有力支持,但是现有应用水平没有完全匹配不良资产的市场需求,智能化应用水平、场景适用性和业务标准化程度均有待提升。

三、信息系统与不良资产清收国家统一数据库的衔接难题

信息技术的发展促使数字化不良资产处置信息系统快速增长,但这也导致不良资产处置平台的良莠不齐,加之不良资产跨区域、跨领域、跨行业分布,相应地形成了相对独立的处置市场,最终产生前述非标准化的行业现状。与此同时,金融科技公司对不良资产的处置也经常面临技术障碍,如批量处置权限受限、缺乏权威性和专业性、目标客户和业务属性不清晰等问题,无法针对不同属性的不良资产开展大规模的处置工作。

由国家统一建立的不良资产处置平台已被纳入金融监管部门的议程之中,对于规范数字化不良资产清收平台的发展具有重要意义。在财政部2021年发布的《财政部对十三届全国人大四次会议第3388号建议的答复》中就已明确提出:"建立统一的不良资产交易平台有利于完善金融服务体系,规范交易行为,加强信息共享和行业监管。银保监会将会同有关单位逐步构建不良资产市场统一监管框架,并探索研究建立统一不良资产处置平台。"2022年4月,正式发布的《中共中央、国务院关于加快建设全国统一大市场的意见》旨在提出我国将从基础制度建设、市场设施建设等方面打造全国统一的大市场。其目的是打破地方保护和区域壁垒,进一步规范不当市场竞争和市场干预行

为。在司法领域,最高人民法院则于 2022 年 7 月发布的《最高人民法院关于为加快建设全国统一大市场提供司法服务和保障的意见》中明确提出支持发展统一的资本市场,依法处理不良资产处置等纠纷,预示着全国统一平台已在酝酿中。

在国家建立统一的不良资产处置平台的背景下,由金融科技公司主导的数字化不良资产处置系统可能将面临以下困境:一是定位问题,即数字化不良资产处置系统与全国统一不良资产处置之间是什么样的关系,数字化系统应处于从属地位还是并列地位,在实际业务开展中数字化系统是否可以经资格认证后接入全国统一平台,还是独立于全国统一平台运行。二是衔接问题,即存量的不良资产清收案件与官方的不良资产处置平台如何相互衔接,主要包括金融科技公司已接收的不良资产信息数据如何转移至统一的不良资产处置平台之中,在转移后是否需要销毁此部分的数据,尤其是涉及债务人个人信息的隐私数据。三是合同的履行问题,即根据数字化不良资产处置平台的业务模式,金融科技公司需要在开展业务前与不良资产债权人(金融机构)、中介服务机构签订服务合同,在中央建立统一不良资产处置平台后,该服务合同的履行问题需由双方当事人予以协商解决。四是业务增长问题,统一的国家不良资产处置平台必然挤压目前数字化不良资产处置系统的业务占有份额,所以金融科技公司的不良资产清收系统应如何创新自身产品,寻求官方产品之外的不良资产清收业务以实现产品线的利润持续增长,是其亟待解决的业务难题。

此外,数字化不良资产处置系统未来还可能面临统一的数据采集、流通和交易平台、统一的算法标准和监管体系等前景,必须前瞻性地认识到当前各行其是的私有不良资产处置系统向未来逐步规范和统一的平台发展的客观态势,也应积极地、辩证地看到二者在这发展过程中所起到的功能、所扮演的角色和各自的优劣势。

四、智慧司法背景下的道德风险以及技术风险

前述三点行业完善建议均围绕提供不良资产清收系统的金融科技公司及

其与官方资产清收平台的关系所展开,但随着信息技术的不断发展,数字化技术已不再局限于为社会企业主体提供数字化的不良资产清收服务。在国家司法信息化建设与"智慧司法"的框架下,金融科技公司开始越来越多地向人民法院提供智能化的司法辅助系统。例如,在汉资公司的案例中,其为法院提供的不良资产司法信息化辅助系统即包括多元非诉调解平台、要素式审判系统、智能办案助手与智能执行辅助系统等信息技术产品。

在此种模式下,人民法院将自身并不擅长的数据信息技术工作外包给金融科技公司,推动法院系统内部的信息化建设进程,而以金融科技公司为主的技术服务提供者收集并管理人民法院的相关数据信息,将这些数据信息进行整理和计算,然后提供给法官协助办案。此合作模式可能产生的问题在于,获取人民法院数据信息并协助人民决院提高诉讼效率的金融科技公司,可能成为该法院下一个诉讼案件的当事人,并且在此类案件中,依赖于金融科技公司与该人民法院的信息技术合作关系,其可能在司法案件的举证、质证,甚至审判环节均具备优势,间接造成司法的道德风险,进而在此类案件中威胁司法的公正性。因而,人民法院在审判此类案件时,应从司法案件的事实出发做出公正判决,不可因技术服务合作关系而偏袒技术合作方,减少"智慧司法"对司法公正的干预。

此外,人民法院为金融科技公司开放数据信息访问权限,金融科技公司提供专业设备和数字化信息系统,在这一过程中,作为信息服务提供方的金融科技公司需要将海量的司法数据信息,通过技术手段进行收集和计算。而这些司法数据信息,相较于互联网上碎片化的信息要更为详细,隐私性也更强,例如不良资产清收案件就涉及大量的债务人与担保人信息,这些信息一旦泄露,其危害范围更加严重。人民法院作为司法审判机关,本身对当事人和诉讼参与人的数据信息负有采集和妥善保管的义务,并无故意泄露或者滥用个人数据信息的行为,但是数据信息技术提供方作为科技公司,却存在着泄露或者滥用前述司法数据信息的风险。此外,由于金融科技公司掌握智能信息系统的后台终端,在执行案件中可能通过信息系统的技术手段提前知悉人民法院的执行措施,存在泄露司法机关内部决策信息的风险。

五、地域性差异与管辖法院的接受程度

我国地域辽阔,各地区经济发展水平不同,社会问题存在差异,导致在科技水平及关于智慧法院的具体政策实施上,各地区存在差异,因此,对于数字化的不良资产清收管理系统的接纳程度存在差异。例如,在一些偏远地区的法院对智慧系统的接纳程度可能较低,并且该地区内存在较为严重的司法地方保护主义,即可能无法接受以数字技术重塑司法系统的案件管理流程。而相对来看,在发达地区的法院则可能对此接受程度较高,但同时也可能针对本地的地方特色提出针对性的产品业务需求,期望金融科技公司可以根据司法业务需求来制定不良资产案件的数字化管理系统。

第三章　法律金融科技应用的重点案例分析

　　法律金融科技行业方兴未艾,国内外已有一些公司开展了法律金融科技创新业务,尤其是国外各类法律金融科技服务公司,其业务涉及诸多领域,包括法律文件创建、管理和审查,执法和案件管理,监管合规,辅助商业交易,知识产权,法律文书转让,法律资料及知识普及,纠纷解决机制等内容。国内公司如汉资信息科技有限公司等也开展了法律金融科技业务创新,面向律师事务所、各地市法院以及银行、保险、消费金融、小额贷款、融资租赁等持牌金融机构,主要提供标准化线上诉讼流程技术服务。

第一节　国外法律金融科技主要案例

一、法律金融科技公司所在领域类别

　　目前全球法律金融科技的服务领域,可概括为"支持或促成提供法律服务、争议解决系统或法庭服务的技术"。国外相关法律金融科技公司所在领域可分类如表3-1所示。

表 3－1　国外法律金融科技公司所在领域类别

涉及领域	案例
法律文件创建、管理和审查	支持全部或部分法律文件内容，包括合约草拟、管理、文件审阅、数据分析和电子签署。相关公司包括：Eigen Technology，Genie AI 和 Juro 等
执法和案件管理	协助执法管理的工具，包括跟进案件、资源调配、执法工作流程和成本管理。相关公司包括 Apperio 和 Legatics 等
监管合规	帮助企业管理和遵守监管义务，例如合规自动化、合规审查、合规文件整合等等。相关公司包括：ClauseMatch 和 Libryo
辅助商业交易	如房地产交易等商业交易中的交付、交易和尽职调查。相关公司包括：ScribeStar，Orbital witness 和 Nivaura
知识产权	协助法律从业人员处理知识产权和版权问题。相关公司包括：LawPanel 和 Patsnap
法律资料及知识普及	提供法律指导、资源、新闻、培训等的工具。相关公司包括：FromCounsel 和 Crafty Counsel
法律文书转让（Conveyancing）	协助法律相关文书运输过程的软件。例如 Juno
纠纷解决机制	支持个人和企业处理解纷和仲裁问题的工具。相关公司包括：Ajuve 和 Legit Claims
法律服务市场	为需要法律咨询的人提供对接法律专业人士的第三方平台。相关公司包括：Lexoo
在线法律文件和建议和自助服务、法律建议	支持个人和企业直接在网上使用法律意见和文件。相关公司包括：Legal Utopia 和 Seed Legals
遗嘱和遗嘱认证	自动化编写遗嘱和处理认证程序的平台。相关公司包括：Farewill 和 Lifeium

二、典型案例公司介绍

（一）自动化法律服务类

Bryter：法律流程自动化科技公司。用户可以在不依赖开发人员的情况下自动化法律业务流程，更快地解决客户端问题。

LegalEase Solutions：是一家为企业、内部法律部门和律师事务所提供全方位法律解决方案的公司，其解决方案包含合同生命周期管理、合规相关解决方案（反洗钱、KYC、隐私权法规）、法律相关资讯提供（法律分析、数据仪表板等）、法律相关业务（审计、知识管理）、诉讼管理（从法律分析中收集见解、数据、胜败率、支出等建构诉讼整体的预测分析）。

CreateiQ：使用自动化技术加快合同起草、谈判、执行等合约流程的效率，协助企业法律部门理解并提取合同中的数据、结构化并提取数据的价值。Createi 目前主要活跃在金融相关产业，并与 ISDA、银行、资产管理公司、ISLA 等合作，加速金融合约、担保借贷文件的标准化。

（二）人工智能数据分析类

Disco：美国人工智能法律金融科技公司。利用人工智能标记文档，机器学习律师如何在文件上加标签，并将其与案件相关其他文件关联，加快组织证据的过程。

Relativity：利用情感分析和人工智能技术，在审阅文档时查找上下文和情感语言，帮助律所扩展到新的调查领域，例如通过分析电子邮件和虚拟聊天中的文本，识别和调查组织中的偏见和骚扰证据。

Ironclad：法律文件 AI 分析科技。通过 OCR 技术大规模扫描、搜寻、标记和存储法律合约数据，以超过 90% 的准确率从中提取关键字、关键术语、关键句子，也可以快速摘取合约中重要数据制成报告。并使用 AI 技术进行条款检测，提供如何根据法律准则进行谈判的建议。

Pre/Dicta：诉讼分析公司，利用机器学习针对案件本身的相关资讯、法官个人详细资讯（净资产、教育背景、工作经验和政治派别等）进行深入分析，发现法官决策中隐藏的模式,以评估过往特定案件的各项数据信息是否会影响法官。使用者只需提供案例编号(或者未立案案件的相关信息),机器便会提取案件资讯,分析过去的决策,并做出可验证的预测,并评估尚未提交的案件应该在哪一个司法管协区提起诉讼会更有利。Pre/Dicta 表示,目前他们的分析结果准确率已达 86%。

Della:以 NLP(自然语言处理)作为主要技术来分析法律合约的科技公司。除了可以大量处理合约相关资料,还可以透过交互审查句法与语法,用人工智能技术理解人类语言及说话方式,并在长达数百页的文件中找出律师重视的关键资料,最终产出一份如同律师提供给客户的自订报表或摘要。

Credgenics:印度唯一利用技术解决银行业不良资产的平台,基于 SaaS 提供端到端债务回收服务。目前有 50 多家印度银行使用以及 40 多家非银机构和贷款平台使用。该平台提供定制回收策略,建议最佳的法律途径,帮助债权人更快处理其不良资产。Credgenics 提供智能自动化的债务收集解决方案,同时集成人工智能驱动的"回收概率预测器",帮助贷款人有效制定不良资产处置方案。

(三)平台管理类

Legatics:总部位于伦敦的全球律师事务所法律管理平台。法律从业人员、律所以及参与相关流程的其他各方可以使用此平台,清楚地看到过程中每个文件的状态。

Persuit:法律服务采购平台,提供企业或机构律师事务所采购服务的透明、实时招标过程。Persuit 平台上有大量律所招标相关数据,为复杂的法律服务提供市场价格。除了价格,平台还提供律师事务所案例策略和表现分析。

第二节 国内重点案例——杭州汉资信息科技有限公司

一、杭州汉资信息科技有限公司概况

（一）公司简介

杭州汉资信息科技有限公司（以下简称"汉资科技"或"汉资"）成立于2018年10月，是国家高新技术企业，定位于从事标准化线上诉讼流程技术服务的法律金融科技服务商，主要面向各地市法院，银行、保险、消金、小贷、融资租赁等持牌金融机构以及律师事务所。其以"推进司法信息化、化解金融纠纷、解决社会矛盾、维护信用体系"为目标，旨在基于大数据的整合、交互、应用，实现法院立案、调解、举证、开庭、判决等诉讼全流程的数字化处理，让纠纷案件更加快捷地得到处理，提高审判效率，节约司法资源。

（二）业务情况

1. 合作模式

汉资科技的合作案件以银行个人类不良债权案件为主，包括个人信用卡纠纷和个人金融借款合同纠纷。其主要合作模式为：首先，前述类型案件的债权人（金融机构）委托汉资科技的合作律所代理，汉资科技根据金融机构或中介服务机构所提供的相关诉讼材料评估案件整体情况，制定诉讼服务方案。其次，由金融机构确认诉讼服务方案和代理报价，与汉资科技签署委托代理协议，并制定委托代理案件计划。汉资科技则为金融机构开通资产管理系统账户的权限，并利用智能化工具在后台配置该批次不良资产清收案件的文书模板。最后，金融机构通过汉资科技提供的智慧案件管理系统上传不良资产清收案件的信息和资料，并批量生成签章文书，汉资科技则批量推动案件、维护案件全流程的进度并完成书面材料的交接工作。

2. 主要产品

汉资科技主要科技产品有13项，包含了主要的7项汉法智调、汉法智立、汉法智卷、汉法智连、汉法智管、汉法智云、汉法智存与其他辅助型科技产品。此系列产品囊括司法案件的全流程管理：在案件起诉阶段，汉法智存以区块链加密技术对标准化的原始凭证材料进行安全加密存储，解决起诉材料规范性问题；汉法智立聚焦立案阶段的法院端信息，通过技术自动信息化软件实现一键生成批量文书与各环节自动化立案；在立案后，汉法智卷利用对案件原始证据链资料的梳理，协助法院电子卷宗的自动化批量生成；在审理阶段，汉法智调通过调解信息协同共享、信息安全脱敏等功能，使当事人双方、调解组织、法院方共同参与实时调解，实现案件诉源治理，纠纷提前化解；在案件执行阶段，汉法智连则将 API 接口与金融机构对接，实现案件回款数据的实时到账与确认。而针对司法案件的全流程管理，汉法智管与汉法智云则分别通过对批量案件的同步反馈以及大数据的批量自动分析，跟踪案件进展并构建可视化管理框架，为金融机构起诉以及司法案件的立案、审理、执行提供实时、高效的全流程信息化管理系统。

（三）企业发展情况

汉资科技自 2018 年创立以来，经过五年多的发展，运用互联网、大数据技术不断研发产品，逐渐建立了一套标准的消费金融司法处置线上流程。截至目前，汉资的信息化产品服务已全面覆盖金融机构、律所、司法诉讼阶段全流程的信息技术产品支撑，涵盖银行、信托、保险、律所、司法等几大领域，研发线上产品 30 余项，申请多项软著、专利，并与全国 60 多家金融机构、消金平台开展合作，服务了全国 80 多家地方法院，累计化解信用卡、消费贷等金融纠纷案件达几十万件，处置纠纷金额超几十亿元，为债务当事人提供人性化调解方案并已累计减免债务金额达数亿元，有效缓解了债务矛盾，提升了社会文明和谐。

二、传统不良个贷案件处置模式与汉资处置模式的对比

（一）传统处置模式：委外催收＋律所代理诉讼

1. 委外催收

委外催收，是指各类金融机构委托第三方专业的催收机构以债权请求权

为基础,通过代理、委托授权、债权转让等合法方式,对债务人进行合法催收。此类催收机构在催收领域的专业性较强,既有从事信用调查的经验,又有丰富的催收管理经验,可以迅速判断债务的可追偿率,并利用专业化的催收技巧和谈判经验与债务人进行协调,敦促债务人还款;同时,委外催收成本相对较低,催收机构通常能够提供低廉又快速有效的服务,降低委托方的经营成本;一般而言,专业催收机构通常具备一定的法律知识,能在一定程度上控制催收中的法律风险;并且,拥有丰富的社会资源,能够通过各种渠道获得债务人的详细信息,降低债务人的失联率。正是基于上述特点,委外机构催收在解决大规模的小额催收纠纷上有着独特的优势,也因此一度成为化解金融风险、稳定金融秩序、维护金融安全的重要途径。

但随着催收行业的发展,委外催收机构也出现了异化的情况。在特定纠纷中,催收机构往往滥用其优势地位或经济力量,对债务人的身体自由、隐私权、姓名权或名誉等实施侵害,具体可以划分为不法催收和不当催收两类:前者主要使用暴力、胁迫、恐吓、妨害名誉或侵害隐私权等方式,甚至可能涉嫌刑事案件;而不当催收主要受行政机关的管制,主要指各类信息轰炸或隐私侵犯的行为,相对于不法催收明显触犯刑法,不当催收往往在违法的边界游离。此类催收行为均是催收行为异化的具体表现,不仅侵害了债务人的基本权益,也有损债务催收行业的长期规范发展,部分不法催收及其引发的刑事案件已经对金融机构的形象与声誉,甚至对政府公信力造成了严重影响,与和谐社会的目标背道而驰。

而除不规范的催收行为对行业形象产生抹黑外,当前的委外催收机构还面临着更多的困境。随着《个人信息保护法》出台,隐私保护日益成为监管重点。一方面,各类涉及隐私保护的法律法规给催收机构带来极大的合规压力,另一方面,对催收方式和手段的限制不断提高也会降低催收机构的催收效率。值得一提的是,与催收机构针锋相对的"反催收技术"也在市场上逐步发展,反催收组织熟谙各类催收手段,由此发明出层出不穷的应对手段帮助债务人减债甚至逃债(具体手段在本书中不展开详细介绍了),进一步削弱了委外催收机构的催收效果。其实,催收与反催收机构,两者在一定程度上会采取一些非法手段分别维护债权方、债务人的利益,并分别具有代表债权人"出击"与债务人"回击"的感觉,相互的僵持也极易导致债务当事双方相互误解,矛盾升级,从而由"本来可调解"渐渐转变为"水火不容"的局面,最终大幅消耗了金融机构的处置成本与精力却又未曾提高回款率,事倍功半。"暴力催收"和"反催收"的问题,助长社会矛盾加深与累积,有碍社会和谐发展,现已逐渐成为明显的金融犯罪问题,这说明了委外催收机构虽有不错的回款成效但不能从根本上良好解决个贷不良案件背后所隐藏的社会纠纷。

2. 传统律所代理诉讼

律所代理诉讼模式,是指催收无果之后,金融机构委托具有较强专业性的律所进行的下一步法诉流程,也是传统个贷不良资产处置的第二环节:诉讼。利用自身的专业知识,律所往往通过诉讼审判或非诉的方式(诉前调解)协助金融机构进行债务追偿。

早期,我国大部分的债务追偿业务主要由律所承接,一方面,这与当时国家出台严厉打击民间讨债公司与私人侦探机构有关;另一方面,律所在法律行业的专业性也为其从事债务追偿业务奠定了扎实的基础。但近年来我国金融个贷不良资产处置领域发生了深刻变化,具体表现为债务违约现象不断增多、金融机构不良消费贷款规模持续增长,以及大额案件和小额案件区别日趋明显,这些变化对传统律所代理解决债务追偿问题带来了巨大的挑战。

从客观角度看,诉讼是解决催收争议的重要方式,但律所通过诉讼途径协助委托方主张的权利周期长、付出的时间和经济成本高,并且通过司法执行实现回款的周期冗长且回款效果并不理想。从成本效益的角度分析,大额单笔案件更适宜采取诉讼方式。而对于小额案件,律所更愿意采取提供咨询或参与调解等非诉方式解决相关争议,但主学法律知识的律师,未必能够以非诉调解的方式游刃有余地应对被催收方。被催收方(尤其是各类"老赖")提出的各类纷繁复杂的拖欠贷款理由与套路,容易让律师陷入"有理说不清"的尴尬境地。因此,针对此类案件,律所解决问题的效果并不突出。

而从主观角度来看,一方面,小额案件往往具有法律关系简单但程序繁琐的特点,律所承接此类业务意味着律师需要将精力大量投入重复劳动中,但无论从经济效益还是对律师职业发展角度来看,此类案件回报甚微,因此律所更倾向于承接以银行与贷款机构不良资产为主的标的额较大的纠纷,并采取诉讼方式进行解决。而对于小额纠纷,律所承接意愿不强,往往只提供咨询类服务。另一方面,处理规模庞大的小额催收业务对于专业性的要求日益提高,除法学知识外,还对大规模流水线式的团队作业、跨专业知识、催收手段和技能与有效的组织管理都有所要求。在当前社会分工进一步细化、专业化要求不断提高的背景下,传统律所已不能完全适应承接催收机构过滤后的案件,并且难以满足大批量小额案件的处置需求。

（二）汉资处置模式:法律＋科技

在包括传统律所代理和委外机构催收在内的传统催收模式接连受挫的情况下,汉资业务模式的出现,为解决催收领域的现实难题带来了全新的解决方案。作为通过科技助力全流程司法信息化的法律金融科技服务商,汉资业务模式主要面向银行、保险、消费金融公司、小额贷款公司、融资租赁公司等持牌金融机构,运用互联网、大数据技术,在资产端对原始资料进行标准化梳理,在运营端对项目全程可视化精准管理,在法院端打造司法诉讼全流程（含立案、调解、开庭、判决、执行）信息自动化辅助系统,从而实现大批量司法处置案件的全方位数据提升。

在传统个贷不良资产处置模式接连受挫的情况下,汉资处置模式的出现,从客观上讲,为解决该领域的现实难题带来了创新且相对高效的解决方案。汉资科技运用"法律＋科技"的概念,为金融机构和法院双方实现数字化助力,提升处置效率;并建议金融机构将整个不良资产处置方式直接走律所代理的"诉讼"模式,通过科技赋能诉讼流程,优势在于以下两点:一是帮助法院端有能力实现批量处置案件;二是整个流程合法合规,不会产生违法的暴力纠纷,可真正在源头化解债务矛盾。

具体来讲,从科技端:将 OCR、RPA、互联网、云存储、大数据等技术赋能在整个不良资产案件的法诉流程中,加快案件从立案到结案回款的整体进度。据了解,汉资科技目前已有 13 项成熟的科技产品融入诉讼流程中,如图 3-1 所示,在金融机构端赋能的智能立案系统,包含汉法智存、汉法智云、汉法智立、汉法智书和智慧法案;在立案后的法院调解流程下有多元线上调解平台包含汉法智画、非诉智调、汉法智调;法院端执行链接的辅助系统包含智慧执行、汉法智审、汉法智卷、汉法智管和汉法智连。经统计,汉资科技的技术力量已将个贷不良案件法诉处置全流程 110 多个人工操作节点缩短至 30 多个,实现了 70%的自动化流转,帮助单家法院实现从原先平均几十件每月的案件处置量达到单月可处置几千件,大幅提升了法院案件处置的容量与效率。

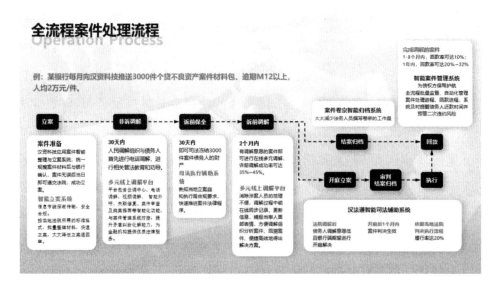

图 3-1　汉资"科技+法律"案件处置全流程

从法律端:为了更好地处理案件背后的经济纠纷,汉资科技和法院共同研究了"诉前保全"的方式在此类案件中的应用模式,小额冻结债务人的资产,目的是促使债务人主动回联法院,参与下一步"线上诉前调解"的环节。"中国人以和为贵",汉资科技认为线上法律调解可消除地理不便,为债务当事双方提供一个公正的协商机会,开诚布公说明自身情况,弥补双方最初的信息不对称,化解误会,并在法院调解员的监督和调停下,双方可以诚恳协商出最合适的维护双方权利的还款方案。汉资科技与各地的人民调解组织合作,不仅能提供不良资产案件法诉处置全流程的技术支持,在院方调解繁忙时,汉资也能提供专业调解组织为法院及时做出人力支持。

需强调的是,法院可以批量处置案件的关键在于以下三点。①技术的成熟可以快速批量立案、推案。②批量立调解案号,即先调解后根据案件情况再决定是否转诉讼案号,因此不会因大量案号而形成大规模的诉讼案件。③在调解之前,汉资应用大数据先做一轮债务人画像分析,筛选出具备还款能力的债务人案件,然后进行"电话非诉调解",非诉调解无果后再进行保全后的"视频诉前调解",两轮递进式的专业调解,将清欠率有效提高3～5倍,全流程的数字化服务也让法院批量处置起来得心应手。

经数据统计显示,汉资科技通过"法律＋科技"的理念方案,让个贷不良案件法诉处置流程平均耗时缩短3倍,让原本平均需6个月的金融诉讼在2个月内出具案件结果与司法文书,大大提高案件处置的便捷性、效率和准确度;通过有效调解,帮助金融机构在3个月内回款率可达10%,1年内回款率可达20%以上,比传统清欠率提高35倍。从经济价值上讲,切实解决了小额金融贷款大面积拖欠的难题,真正实现金融科技和法律金融科技结合后的降本增效;从社会价值上讲,此类法诉调停的方式是在债务纠纷的源头尽力化解社会矛盾,并依法清欠、杜绝非法催收,提升社会经济的稳定性,促进社会和谐发展。因此,当下汉资科技也得到了全国多地法院、金融机构的高度认可。

与传统模式进行对比可以发现,汉资处置模式在很大程度上兼具传统处置模式的合规性与数字化转型时代的高效性。一方面,汉资处置模式服务于银行和法院,势必需要最大限度地满足法律法规的各类规定;另一方面,依托智能化信息系统,针对标准化司法诉讼案件,汉资处置模式能极大地发挥技术优势,从而达到"法律＋科技"的叠加效果,高效地处理批量金融案件。当然,汉资处置模式目前也并非全面完善的;首先,由于技术限制,汉资所能处理的案件种类有限,只适于处理案件金额较小的标准化案件(金额10万以内的大批量个贷、信用卡类等标准化司法诉讼案件）；其次，汉资作为一种全新不良贷款案件处置模式，该模式同样不可避免地存在部分固有问题，还可能涉及法律争议，第五部分将会对此作进一步的论述。

近年来，国家出台一系列顶层设计，建立社会信用代码制度、信用红黑名单制度、守信联合激励和失信联合惩戒机制等，有效增强了全社会诚信意识。能肯定的是，汉资科技的理念符合国家对建设法治社会、完善社会信用体系建设的要求，其主营业务有助于化解不良贷款引发的各类社会矛盾，帮助不良资产的各类参与主体改进行为模式，改善体验：一是帮助银行等金融机构优化风险管理能力，强化不良资产处理机制与流程，能够有效降低贷款不良率，改善金融机构资产负债表，保持各项业务的健康运行；二是帮助借款人柔性还款，减轻短期内的还款焦虑，畅通借款人与金融机构的沟通交流，更好地维持个人信用；三是流程智能化帮助法院提高了立案、办案、结案效率，提升法院可受理案件容量，客观上有助于优化法院考评机制，减少法院所受牵制，从而更好地为社会服务；四是帮助律所、律师减少接受不良贷款案件委托时的顾虑，有助于提升其积极性。汉资科技的模式还进一步起到了普法教育的作用，通过在线调解敦促各地、各方知法、学法、懂法、守法，有助于建设法治社会，降低潜在的风险隐患。

总体而言，传统个贷不良资产处置模式存在着不适应当下现实变化的情况。依托技术优势的汉资处置模式，为问题提供了一套全新的方案，该模式兼具合规和高效的双重属性，具有传统催收模式不可比拟的独特价值。但作为一种全新的模式，汉资处置模式仍在应用初期，尚未被普遍接受，同时也并非完美无缺，而"实践是检验真理的最好方式"，需给予汉资这类创新型法律金融科技公司更多的时间和包容度来检验其综合成果。

三、汉资业务模式的价值与问题分析

汉资目前已在全国十余个省份与 60 多家银行、保险、信托、消费金融公司等金融机构展开个贷不良资产法诉处置合作，已为 80 多家法院提供了批量个

贷案件法诉全流程自动化流转的智慧系统服务。

截至 2023 年 8 月,汉资科技已协助人民法院经办金融借贷纠纷调解案件共计 256 111 件,其中由人民法院委托的调解案件数量为 216 313 件,均已申请诉前保全。在人民法院委托的金融借贷纠纷调解案件中,仅有小部分案件经调解后转为诉讼程序,共计 29 387 件,其中有 13 307 案件以判决结案。在标的额上,债权本金合计 20 000 元以下的案件数量占总调解案件数的 79.22%,故其调解案件类型以小额金融借贷纠纷案件为主。在汉资科技所经办的调解案件中,已经形成调解协议的案件数量为 36 580 件,包括由人民法院出具司法确认书 15 477 件,由人民法院出具调解书 21 103 件。另外,立调解案号后以和解撤诉的案件共计 11 892 件,和解撤诉案件多集中于浙江省和湖南省,共有 5 808 件,其他地区合计 6 084 件。

总体而言,汉资处置模式现有实践情况较为理想,具有较突出的实践价值,并有进一步扩展应用范围的空间。

四、汉资处置模式的价值

汉资业务模式技术优势明显。在解决催收争议的过程中,汉资业务模式的应用能对争议各方主体都产生积极作用,并最终产生多方面的、整体性的价值。

(一)效率价值

效率价值是汉资处置模式的首要特点。从现有数据来看,汉资处置模式能助力单家法院月均批量处理上千件案件,同时也能够协助各类金融机构降本增效地完成个贷不良资产案件处置工作,不良资产处置是其业务经营的最后一公里,妥善处置这些资产,化解背后矛盾,能让整个金融生态的产业形成良性闭环,并保障金融秩序的稳定和发展。对于法院而言,汉资处置模式能有效解决大量积压案件,明显缓解法官的办案压力,在极大程度上节约其投入金融不良资产案件审理领域的司法资源与时间成本,并能促使法院优化司法资源结构,将更多的精力投入到复杂疑难的案件之中,促进社会整体的司法创新与完善。对于金融机构(债权人)而言,汉资同样通过科技能够协助此类机构节省处置流程上的时间与人力成本,并且在结果上,汉资处置模式兼有结案率高、平均结案周期短、投诉率低的特点,促进各类机构高效完成回款任务,这对于此类重视效率的金融机构具有极大的吸引力。总体来看,汉资处置模式的效率价值在不良资产规模持续扩张的背景下具有重要意义。

(二)公正价值

汉资处置模式具有较为突出的公正价值。与传统处置模式的全人工处理相比,汉资技术属性明显的算法系统通常具有更强的客观性、准确性和稳定性。一方面,该系统以既定的算法批量处理法诉案件中简单重复的环节,在高度依赖技术的基础上,极大程度上排除了人工重复劳作可能产生的谬误和疏漏。另一方面,由于坚持技术中立,算法系统在处理类似案件时不会带有较强的个人感情色彩,根据案件事实要素最终得出有理有据的方案供调解员与法官参考,案件处理更具稳定性,案件结果也能提供更可靠的社会预期。

(三)社会价值

在效率价值和公正价值的基础上,汉资处置模式的应用整体上还具有突出的社会价值。对于金融机构而言,以银行为例,目前银行不良资产的处置存在较大压力,如果不良资产处置不当,将会影响银行的资金充足率和流动性,甚至引发金融风险,而汉资处置模式则能在更大程度上保证以银行为代表的各类机构资金链稳定运转,有助于减少金融风险,进而维护金融体系的正常运作。而对于债务人而言,传统委外催收长期存在过度侵犯个人隐私甚至采取暴力催收的方式的情况,债务人往往不堪其扰。尽管传统催收方式当前已受到《个人信息保护法》等法律法规的限制,但实践中侵犯个人信息的边界仍未被完全厘清,难以对被催收方实现完备的保护。而汉资处置模式的出现,对于债务人而言,一是规避了受到暴力催收的恶劣社会影响,对于增强债务人的安全性、尊重债务人的合法权利具有重要意义;二是通过大数据整合债务人背景情况,AI 智能分析债务人还款能力与意愿,能为调解员提供精准的调解策略,结合专业调解话术包含普法教育,运用柔性司法的方式帮助债务人积极主动恢复社会信用。从整体社会的角度来看,汉资处置模式有助于化解金融机构与债务人之间的根本债务纠纷,有利于形成良好稳定的借贷关系,规避暴力催收以及更为严重的恶性事件损害人民的利益,助力构建和谐社会。

（四）未来价值

除处置模式本身具有的价值外,汉资处置模式还具备面向未来的价值。从社会整体层面来看,当前我国正在大力发展数字经济,各行业都在谋求从传统模式中寻求数字化转型的出路。而从司法系统来看,建设"智慧法院""数字法院"也已成为各地各级法院的重要发展趋势。在这一背景下,汉资处置模式以扎实的科技能力与数字化的技术,为传统领域注入富有时代性的活力。从短期来看,汉资科技主要是助力法院和各类机构提供个贷不良资产处置案件的有效解决方案,而从长期来看,汉资处置模式则为法院转型升级为"智慧法院"（数字法院）提供了初步的建设阶梯;并助力金融机构实现全面金融科技转型,有助于推进数字化和谐法治社会的到来。因此,汉资处置模式不仅仅着眼于解决现实问题,更是面向未来发展趋势的创新实践。

五、现存问题

汉资处置模式受到现实情况、技术困难以及法律规定等多方面因素的客观限制,这一模式当前仍存在不少需应对和解决的问题。这些问题在将科技应用于法律事务中具有典型性和普遍性。

（一）成本问题

在技术优势的支撑下,汉资处置模式具有多方面的优势,但与此相伴而生的,是应用汉资处置模式的成本问题。当前,汉资处置模式的合作机构主要集中于京、沪、浙、粤等地,上述地区相对我国其他地区而言是更为发达的地区。尽管这与上述地区应用场景更为丰富有关,但也与汉资处置模式要求投入的成本较高、需依托较为扎实的经济基础不无联系。从长期来看,汉资处置模式的经济效益和社会效益自然是大大超过其投入的成本,但从短期来看,单个机构或法院为应用汉资处置模式而需投入的成本依然是不容忽视的。这一成本不仅包括购入技术的直接成本,还包括应用汉资处置模式的配套成本。对于上述机构或法院而言,一方面需要对自身工作人员进行技术培训,从而更好地适应这一全新模式,另一方面也需对内部架构进行一定的调试,以匹配汉资处置模式提出的全新要求。可以看出,当前汉资处置模式在应用和推广上成本是相对高昂的。

（二）数据价值问题

应用汉资处置模式,系统后台将积累庞大而敏感的内容信息。一方面,为解决各类争议,智能系统会接触债务人的各类隐私信息;而另一方面,在解决问题的过程中,数据也会在无意间部分反映各类机构的不良资产规模。而汉资处置模式是否能对上述信息进行安全保管、合理应用(即仅限于解决争议本身)、妥善销毁,是债务人和金融机构的核心关切点。出于双方协议,数据信息应当在项目结束后脱敏并销毁,但不少行业专家认为,这些数据若做沉淀分析无疑可在今后诸如贷前风险预防(根据债务人特征提供风险参考系数与相应借款额度)和贷后风险管理(根据债务人特点自动生成合理的还款策略)等金融领域,及今后诸如智慧审判(为法官提供基本的判案要素、证据和案例库)等司法领域做出重要贡献。若系统类的出现(如智慧审判),其必须要大量数据做支撑分析,"数据投喂"的质量和体量都很重要:案件因果关系清楚(质量高),投喂范围越大,种类越丰富,体量沉淀越多,则 AI 学习后形成的智慧审判的结果也相应越严谨与准确,因此需要社会以更耐心与宽容的心态对待科技赋能的过程。如何做好数据沉淀开发和维护当事人信息安全,此间益处与风险值得多方深入思考与取舍。

（三）行业准则问题

目前汉资科技所处的法律金融科技行业在中国还是一个非常新兴的领域,并且在全球也并无十分成熟的大型企业可作为标杆,但值得肯定的是,它已被不少发达国家纳入司法领域的发展规划中,并由政府牵头做了一系列的创新举措,在不少国家例如英国和美国已初见法律金融科技的成效(详见上一章节),可见在不久的将来司法行业将会迎来更大的改革与创新。

而今,我国银行业不良贷款余额规模已达到 4 万多亿元(国家金融监督管理总局 2023 上半年末最新数据),已可将它看成一个亟待处置且日益增长的社会经济问题,却没有一个标准化的、系统化的行业准则来规范个贷不良资产通过科技诉讼的处置模式,例如:法律金融科技公司是否能在法律行业拥有正规立足的身份、法律金融科技公司对于数据保护和利用开发的具体准则、界定合理的追偿手段来保障债权双方的权利,如何对科技助力司法的范围与程度进行界定以更好地实现公权和科技的动态平衡等,因此,需要以上相关政策的制定与出台来保障法律金融科技行业的健康发展,为汉资科技这类新型法律金融科技公司提供良好的培育"土壤",在构建数字强国的大背景下,让此类公司的茁壮成长能真正帮助我国社会与经济的发展,提升人民的安全感和幸福感。

(四)对于"反催收"引发的社会问题

"反催收机构"首先通过哄骗债务人产生逃避自身该承担的债务义务的幻想,其次利用监管投诉进行"消保套利",为债务人逃债并收取相关服务费。此类灰色产业严重浪费了监管及金融机构的投诉处理资源,违背了"信访的初衷",利用国家对人民提供的保护政策来反向迫害社会和谐。"债闹"是反催收组织为客户(债务人)常提供的一种逃废债方式,主要表现形式有两种:一是通过有偿收费帮债务人通过伪造病历证明、贫困证明、编造艰难处境,甚至写投诉信恶意投诉金融机构、助贷平台或催收人员等方式达到逃避债务的目的;二是各类地下"反催收"组织向债务人传授减免息差、延期还款"技巧",甚至以违法手段拒绝偿还债款,这一类"反催收"的债务咨询机构在近两年呈现规模暴增的趋势。"反催收们"打着"债务人律师"的幌子与银行进行对峙,对社会造成的危害主要有三点:一是向债务人收取各类服务费,可能使其进一步陷入债务陷阱;二是通过引诱金融机构和催收机构不当催收,进而恶意投诉、煽动闹事、借助舆论压力达成逃债目的,却破坏了健康的金融秩序,阻碍了金融机构的正常经营活动,降低了金融机构的资产质量与行业整体的抗风险能力;三是当债务人涉嫌造假证据的计谋被揭发,将触犯法律,法院会从重审判债务人,最终导致其所欠债务将不减反增,使当事人得不偿失并且失去了本该被尊重的权益。

实际上,传统模式下的催收机构并不完全代表银行的意愿,而通过社会调解组织进行矛盾调解才是汉资科技推崇的方式:债务诉讼后法院调解员会先主动联系债务人进行庭外调解,若双方不接受再开始起诉流程,债务人向法院调解员开诚布公地说出自己的经济或家庭困难,提供证明材料给法院,若条件属实,调解员作为第三方再为其与金融机构(银行)展开协商,制定合理的还款策略,债务人在不花一分钱的情况下依旧可以达到减免罚息和债务展期或最大化宽松的还款方案,并且通过调解过程,债务人会被普及司法教育,培养守法意识,助其规范今后的社会行为。

目前汉资科技在业务流程中也不可避免地遇到反催收的干扰,其直接后果是导致债务人失去了一次"合法减免债务"的宝贵机会,汉资科技对此深表惋惜和无奈,或许这也是传统模式下的"不当催收"所造成的一种深远的行业负面影响,并且多数债务人缺乏对司法公正的信任,缺乏基本的守法意识并且不够了解公民正当的维权方法,上述问题都需要时间来缓和与改变。

现阶段,值得欣慰的是,国家已对传统催收机构进行着力改造与规范,同时,对"反催收机构"进行专项整治已经成为社会共识,中国银行业协会日前提醒消费者正确认识"非法代理投诉"风险,另外,多地金融监管部门陆续发布相关通知并采取对"非法代理投诉"的专项整治行动。但国家打击的力度仍然无法快速有效地惩治那些恶意债闹背后的"怂恿者",对于上述灰色产业链的问题并非朝夕就能根治,但随着我国司法制度的不断完善,汉资科技期待今后国家能出台更多掷地有声的举措来根除这些危害社会的灰色产业。

六、汉资科技现有合作典型案例

(一)项目背景

浙江某地是区域内金融机构注册集中和业务发展活跃的地区,辖内共有265家金融机构,贷款总量1.2万亿元,逾期贷款约100亿元。2022年之前,针对其中金额小、数量多的信用卡不良资产,银行传统处置模式是通过电话催收的模式。由于国家严禁暴力催收,同时电话催收对于债务人的震慑力不足,整体催收效果不佳。因此银行亟须通过司法诉讼的模式来解决当前积压的存量信用贷不良资产,降低不良规模,更好地服务于当地经济发展。

该地人民法院近五年来共受理各类案件 191 789 件,办结 196 906 件(含旧存),同比前五年分别上升 39.82%、50.96%,收结案数位居全市第一。一线法官年人均结案 445.74 件,是全省平均数的 1.4 倍,当前的诉讼案件量负荷已经很大。该地人民法院也期望通过司法诉讼的模式,帮助到当地的金融机构解决不良资产的问题;但若使用传统的方式来处理大量的金融案件,会对法院的工作造成极大的资源占用,使法院的正常工作面临巨大挑战。

（二）诉前调解方案

汉资科技携手银行委托代理人即律所(律所提供法律专业性服务,对整体项目的合法合规性进行审核),制定以保促调的方案,即通过有效的诉前保全和灵活的调解方案,提高整体的案件处理效果。整体流程如图 3-2 所示。

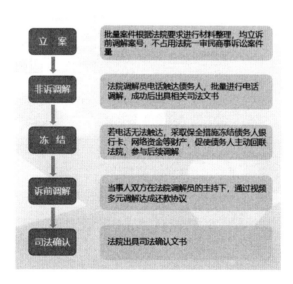

图 3-2　汉资科技诉前调解方案流程

（三）技术服务方案

结合法院诉前保全及诉前调解流程,引入汉法通司法辅助系统,利用智能OCR 识别、智能呼叫、智能 RPA 等技术,在减少法院重复工作、提高类型化案件处理效率、避免批量案件信息录入错误、拉升质效考核指标数据等方面，都带来了极大的提升。本书对汉资科技已服务的新疆、江苏、广东、浙江等省份的地方法院实施部署的"智能办案辅助系统"做了客户反馈和效果数据统计，与原先的传统手工作业对比来看，智能系统大幅提升了工作时效，也极大释放了法院的人力资源。具体效果对比如图 3‑3 所示。

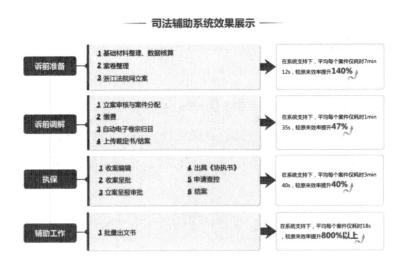

图 3‑3 汉资科技司法辅助系统效果展示

（四）处置效果数据

具体效果对比如表 3‑2 所示。

表 3‑2 案件处置效果数据表

银 行	某单一批次案件量（件）	立案时间	处置时长	回联率	调解率	当前回款率	预计全年回款率
平安银行某分行	289	2023 年 6 月	2 个月	40.14%	20.28%	7.40%	22%
兴业银行某支行	145	2023 年 6 月	2 个月	46.21%	11.58%	6.50%	28%
中信银行某分行	199	2023 年 7 月	1 个月	53.77%	20.46%	25.80%	35%

1. 回款率提升

与传统个贷不良案件处置效果相比,汉资"法律＋科技"的处置模式可提升 3～5 倍的回款率。但需说明的是,案件的回款率除了受到前文所描述的案件处置效率快慢、调解专业度、还款方案合理性的影响,还会受到其他的因素影响,包括:

(1)案件失信被执行人所占整体案件量比率:失信被执行的还款能力和意愿都非常低,偿还可能性几乎为零,其所占比率越大,调解率与回款率则相应越低。

(2)案件金额大小:金额越大,债务人偿还的难度越大,调解率与回款率亦相应越低。

(3)债务逾期时间:逾期越久,债务人的还款责任意识越淡薄,回款率相应越低,例如逾期 1 年与逾期 5 年的债务案件相比,一般前者回款率更高。

2. 对法院的解纷效果提升

以上 600 多件债务案件在 2 个月内全部通过诉前调解结案,结案率 100%,大幅提升法院案件处置容量和解纷效果。

3. 对债务人的帮助

三个批次的案件处置,平均为债务人申请减免的金额占诉讼总金额的 18%,同时在不影响债务人基本生活的前提下皆提供合理的还款方案,缓解其债务压力,帮助其修复社会信用。

第四章　法律金融科技深化个人信用风险化解的发展建议及展望

综上所述,法律金融科技通过将现代技术与法律体系结合,可以强化诉前调解执行力度,提升个贷催收质效,加强全流程的规范运作,深化个人信用风险提前防范,实现个人信贷纠纷纳入法律程序,解除案件处理瓶颈,保障各类参与主体合法权益。

然而解决上述瓶颈,仅仅是将大量个人法律纠纷纳入法治轨道的基础,是将个人信贷纠纷纳入法律程序,努力完善法治社会建设,推进法律普惠的重要领域。首先,纳入法律程序有利于保护借款人与金融机构的合法权益。其次,在法律程序中,借款人更愿意平等地与金融机构协商纠纷的解决。再次,纳入法律程序才可以进行调解,在降低金融机构风险的同时,恢复和维护借款人的信用。能够确保借款人对生活、工作的信心,保护债务人的合法权益不受暴力催收等违法行为侵犯,帮助借款人主动维护个人信用、努力偿还欠款,实现多方共赢。

法律金融科技正在不断深入参与建设信用社会,未来将在化解金融风险工作中发挥更大的作用。基于前述个贷业务金融风险及化解需求、汉资公司业务介绍及其数字化不良资产清收模式的优缺点分析,本部分拟从法律金融科技化解金融风险的具体建议、完善路径与发展方向三个部分,针对运用数字化智能技术的不良资产清收行业做出宏观展望,以期对该行业的良性发展提供有益指引。

第一节　法律金融科技在个人信用风险化解领域应用的发展建议

一、落实顶层设计,加强整体统筹规划

习近平总书记在党的二十大报告中指出:"法治社会是构筑法治国家的基础。"近年来,中共中央先后印发《法治社会建设实施纲要(2020—2025 年)》《法治中国建设规划(2020—2025 年)》,提出建设信仰法治、公平正义、保障权利、守法诚信、充满活力、和谐有序的社会主义法治社会,是增强人民群众获得感、幸福感、安全感的重要举措。

上述文件提出,在推进法治社会建设过程中,要增强全民法制观念,健全普法责任,推进"智慧普法"平台建设。要健全社会领域制度规范,加强道德规范建设,推进社会诚信建设。要加强权利保护,切实保障公民基本权利,保障行政执法中当事人合法权益,加强人权司法保障,为群众提供便捷高效的公共法律服务,引导社会主体履行法定义务承担社会责任,有效维护各类社会主体合法权益。要推进社会治理法治化,依法有效化解社会矛盾纠纷,充分发挥人民调解的第一道防线作用,完善人民调解、行政调解、司法调解联动工作体系,支持仲裁融入基层社会治理。

在推进社会诚信建设方面,上述文件特别提出,要加快推进社会信用体系建设,提高全社会诚信意识和信用水平,健全公民和组织守法信用记录,建立统一社会信用代码制度;完善诚信建设长效机制,健全覆盖全社会的征信体系,建立完善失信惩戒制度;结合实际建立信用修复机制和异议制度,鼓励和引导失信主体主动纠正违法失信行为;加强行业协会商会诚信建设,完善诚信管理和诚信自律机制;完善全国信用信息共享平台和国家企业信用信息公示系统,进一步强化和规范信用信息归集共享;加强诚信理念宣传教育,组织诚信主题实践活动,为社会信用体系建设创造良好环境,推动出台信用方面的

法律。

近年来推进社会信用体系相关政策文件陆续出台。2022 年 3 月,中共中央办公厅、国务院办公厅印发的《关于推进社会信用体系建设高质量发展促进形成新发展格局的意见》明确提出,"加快推动出台社会信用方面的综合性、基础性法律"。2022 年 11 月,国家发改委等多部门研究起草了《中华人民共和国社会信用体系建设法(向社会公开征求意见稿)》(以下简称《意见稿》),并向社会公开征求意见。《意见稿》正是对相关部署的贯彻落实,涉及行政机关、生产、金融、税务、劳动保障等多个领域诚信建设,不仅包含了信用信息管理、褒扬诚信与惩戒失信多个方面的内容,而且明确了失信惩戒措施实行清单管理,同时强调,严重失信主体名单的设列必须以法律、法规为直接依据。这些规定厘清了制度边界,有利于进一步推进社会信用体系建设法治化。

在个人信用风险领域,法律金融科技应认真贯彻落实法治社会建设要求,技术应用和业务开展应服务于顶层设计要求的各方面各领域,切实做到服务大局,助力法治社会建设,推动完善社会诚信体系。对此,应加强行业发展统筹规划,一方面要与政策执行层保持沟通,细化贯彻落实顶层设计的路径,另一方面要与各业务关联方密切对话,实现业务脉络和前景的有序发展。

二、完善相关政策法规,为法律金融科技发展提供制度空间

近二十年来,我国金融业尤其是银行业快速发展,参与主体数量急剧增加,规模持续壮大,业务范围逐步扩展,创新性、交叉性金融业务不断涌现,相关法律法规的修订面临了很多新情况,一些政策文件的修改完善面临不少新变化。

首先,现行商业银行法颁布于 1995 年,并于 2003 年、2015 年进行过修订。但目前商业银行法实施的社会环境已经发生了深刻变化,许多条款已不适应实际需求,亟待修订完善。2020 年 10 月,中国人民银行会同中国银保监会起草形成了商业银行法修改建议稿,并向社会公开征求意见。修改商业银行法已被列入 2022 年全国人大常委会立法计划预备审议项目。十三届全国人大

五次会议期间,也有代表提出了关于修改商业银行法的议案。议案认为,现行商业银行法在立法原则、监管理念、公司治理、业务规则、客户权益保护、风险处置、金融违法处罚力度等方面已不能适应现实需要,亟待全面修改完善。为更好支持我国银行业快速健康发展,引导商业银行回归本源、专注主业,服务实体经济,为防范化解金融风险、维护金融稳定提供有力法治保障,有必要对商业银行法进行修改完善。

本书建议,未来在修订商业银行法时,应考虑到法律金融科技的发展趋势和对个人信用风险等金融风险处置的应用前景,一方面为法律金融科技提供更加明确的法律正当性和行业规范性,另一方面也为法律金融科技的发展提供成长空间。如果未来出台放贷人条例,也应将法律金融科技相关的内容纳入其中,赋予法律金融科技相关业务和从业人员相应的制度保障。

其次,在本报告的调研中,一些银行反映当前仍需遵守"未经国务院批准,任何单位无权豁免贷款"的规定。经查询,这一规定源自 1986 年国务院发布的《中华人民共和国银行管理暂行条例》,其中第四十九条规定"未经国务院批准,任何单位无权豁免贷款",这里指的贷款不仅包含贷款本金,也包含贷款利息。因此,除法规、政策另有规定者外,任何单位(包括金融机构)都不得豁免贷款本金,不得放弃收取贷款和利息,不得减免贷款利息。在商业银行法通过并发布后,《中华人民共和国银行管理暂行条例》已于 2001 年被《国务院关于废止 2000 年底以前发布的部分行政法规的决定》所废止。此后由人民银行发布的、根据《商业银行法》等法律规定制订的《贷款通则》明确规定:"除国务院决定外,任何单位和个人无权决定停息、减息、缓息和免息。"(《贷款通则》第十六条:贷款停息、减息、缓息和免息)。这一规定延续至 2018 年 2 月 8 日,此后中国人民银行对 2017 年 12 月 31 日前发布的规章进行了全面清理,《贷款通则》已不在"中国人民银行现行有效的规章目录"中,也即可以视作废止。

然而,截至 2023 年还没有任何正式的文件或通知宣布《贷款通则》已经废止,因此《贷款通则》是否还具有法律效力,成为各方争论的一大疑点。由于没有被明确废止,当前仍然存在一些引用《贷款通则》关于银行无权豁免贷款规定,引起误解或理解混乱的情况。近两年在一些金融监管的地方行政处罚中,《贷款通则》仍然被作为行政处罚依据引用;在一些地方金融工作解释中,也存在对《贷款通则》是否还具有有效性的不同解读,对金融风险防范形成了巨大干扰。又例如 2020 年长租公寓品牌"蛋壳"公寓资金链断裂,造成房东与租客纠纷事件持续发酵,而与之绑定"租金贷"的微众银行也受到波及,对于认为微众银行应免除全部客户贷款的说法,微众银行做出官方回应:"依据《商业银行法》《贷款通则》等相关法律法规的规定,我行作为商业银行无权豁免贷款,但我行会尽全力保护客户合法权益。"①然而彼时《贷款通则》已经失效,这样的声明极易引起理解混乱。

本书建议,应当尽快以明确化、标准化的文件或通知等形式对《贷款通则》进行废止。《贷款通则》中有关贷款豁免的规定已经与当前的金融业务和监管形式极不相符,而受制于这一规定,银行等金融机构在调解策略上显得十分有限,一些银行在遇到个人信用纠纷时不仅不能减免利息,甚至还需要做重组分析。受到严格限制的调解策略限制了诉源治理的调解有效性,本书试图探讨,未来在国家政策上是否可以赋予银行等金融机构更强的灵活性,在借款人因切实的原因需要减免利息或本金时,银行等金融机构有一定的调解空间,能够灵活地进行有效沟通和贷款、利息延期或减免,以便于防范个人信用风险的发生。

三、建立跨部门协调机制,健全行业资格认定方法

2022 年,最高人民法院发布《最高人民法院关于为加快建设全国统一大市场提供司法服务和保障的意见》(法发〔2022〕22 号),其中第 9 条"支持发展统一的资本市场"明确提出促进金融市场健康发展,妥善审理金融借款合同、证券、期货交易及票据纠纷等案件,依法处理涉供应链金融、互联网金融、不良资产处置等纠纷,助力防范化解金融风险。

---

① 央广网.微众银行推解决方案结清用户贷款 专家:商行豁免贷款不能简单而为,新偿还方案体现积极态度[OL]. 2020 - 12 - 04.

依前文所述,司法途径不畅通是产生不良资产法律催收难题的重要原因,对此首先应对顶层设计加以完善。建议最高法院确定一个部门与金融监管部门形成日常沟通和联合协调机制,打通司法部门与金融监管部门的信息通道,有利于规避和化解系统性风险的发生。在联合协调的机制下,应健全对跨金融和司法领域的科技公司的资格认定和业务指导,明确哪些资格应由哪些标准认定、哪类业务应由哪个部门监管,在规范中引领法律金融科技发挥更大作用。

此外,建议研究适度放宽行业准入标准。例如可以由科技公司结合律所或科技公司结合机构自诉的形式开展批量金融案件的诉讼服务。

四、提升信息化水平,为法律金融科技提供基础支撑

法律金融科技有效化解金融风险的前提是法律系统有足够的科技支撑。《最高人民法院关于为加快建设全国统一大市场提供司法服务和保障的意见》提出,要将提升金融审判的信息化水平作为加强金融审判工作、发挥金融审判职能的重要途径。最高人民法院表示,人民法院将结合"智慧法院"建设,探索建立金融审判信息平台,研究建立以金融机构为当事人的民商事案件信息管理系统,实时反映金融机构涉诉信息。充分挖掘运用司法大数据,加强对金融案件的审判管理和分析研判,定期形成金融审判大数据分析报告,研究解决具有普遍性、趋势性的法律问题,为区域性、行业性、系统性金融风险的防范预警和重大决策提供信息支持。加强互联网司法和智慧法院建设。推进互联网、大数据、人工智能、区块链与审判执行工作深度融合,以司法数据中台和智慧法院大脑为牵引,推动智能协同应用,拓展数据知识服务,构建一体云网设施,提升质效运维水平。推进落实《人民法院在线诉讼规则》《人民法院在线调解规则》《人民法院在线运行规则》,进一步健全完善在线司法程序规范,优化平台建设,推动互联网司法模式成熟定型。深化互联网法院建设,推动完善互联网法院设置和案件管辖范围,充分发挥互联网法院在确立规则、完善制度、网络治理等方面的规范引领作用。

同时应加强司法信息化及辅助程序在个贷纠纷等类似案件中的应用。通过科技公司的全套司法辅助系统,可实现从立案、受理、归档、结案等全流程的案件信息自动化操作,在提升案件处理效率、处理能力的同时,保障法院工作量不增加。

五、建立行业 SOP(标准作业程序)标准

当前法律金融科技化解金融风险存在的一大痛点是行业标准化程度还比较低,实际操作中主要依靠专家经验和历史经验,容易引发操作风险。应在顶层制度和相关行业组织牵引下设立行业 SOP 标准,对法律金融科技的技术标准、文件标准、操作标准、流程标准等以统一的、具有行业共识的形式进行明确规定,将相关细节进行量化,以文字形式确定和公布,并定期地予以修订和完善。标准化的行业体系将有助于信息的流通,也有助于效率的提升。对于个人贷款领域的合同文本、合同内容和司法途径的诉讼文书中的相关要素,也要进行相应的标准化,这样既有利于标签处理和保存,也有利于大规模的信息化,标准化的文本可以更便捷地通过人工智能进行审核,通过区块链进行合同签订和版权存证。

六、积极开展试点

在上述建议的前提下,应进一步开展法律金融科技化解金融风险的地方试点,有序推进行业发展。建议参考我国金融科技创新试点的已有经验、成果和教训,制定合理的试点推行方案,明确试点工作的牵头单位(例如由最高法相关部门和金融监管部门的相关协调机制共同牵头),明确试点城市的入选条件和时间表,明确试点内容和组织架构,明确试点内准入准出门槛,明确试点内相关特殊政策,明确试点内信息保护原则和脱敏政策,积极推进创新与应用,并将试点成果经科学论证后逐步向行业进行推广转化,推动法律金融科技化解金融风险的高质量发展。

法律金融科技化解金融风险的地方试点应当与个人不良贷款转让试点有

机结合。2021年1月,银保监会批复同意银登中心试点开展单户对公和个人批量不良资产转让,并将纳入不良分类的个人消费贷、信用卡透支、个人经营贷纳入转让范围。2022年4月,银保监会表示下一步将妥善应对不良资产反弹,拓宽处置渠道,扩大单户公司类不良贷款转让和批量个人不良贷款转让试点范围。截至2022年10月21日,银登中心开立不良贷款转让业务账户登记机构已达585家。在金融与科技高度融合背景下,科技公司均纷纷加大科技投入,甚至与互联网公司达成战略合作,参与到个贷不良处置工作中。法律金融科技试点可以与不良贷款转让试点有机结合,利用法律金融科技提升个人贷款不良资产的处置速度和质量,提升司法系统解决不良贷款纠纷的效率,提升化解金融风险能力,加快推进健全信用社会体系。

应继续推进相关试点扩围,完善相关制度。建议尝试从金融债权确认的途径解决个人信贷纠纷,开放多次债权转让,加强诉前保全及诉前查控在小额纠纷领域的灵活应用,完善及推进个人破产程序在小额诉讼领域的应用。建议适度放宽小额金融案件的不良核销标准,引入法院"预查废"等机制进行核销,方便金融机构及时取得金融监管部门的债权核销许可。

七、加强对借款人和催收人员的法律培训

依前文所述,在个人信贷案件中各参与主体无论是借款人还是银行员工或外包公司员工,对法律知识的掌握都不充分,法律意识相对淡薄,放大了相关的金融风险。为此,应加强对相关参与主体的法律培训。对于借款人,要向其明确借贷活动中应承担的法律义务,明确违约情况下应承担的法律责任和后果,强化其法律意识,有效提升其法律观念,强化还款意愿。对于银行员工和外包催收人员,应向其明确催收的合法边界,明确借款人应有的法律权利和尊严,强调暴力催收的违法实质和暴力催收后需要承担的法律责任,敦促其在今后的业务开展中做到知法、懂法、守法、用法,切实维护业务规则,维护行业秩序,从源头化解可能的法律风险和金融风险。

八、优化法院、法官考核机制

依前文所述,各级法院尤其是基层法院在现有考核机制的制约下不愿接收个人信贷案件,破除这一掣肘问题的重要举措是优化考核机制。优化考核机制的核心是让法院和法官从单纯对办案率、结案率的死板指标中解脱出来,切切实实地专注于解决老百姓面临的纠纷和问题。要对往期个人信贷案件进行回顾,寻找高效处理相似案件的经验和办法;要对评价指标体系做相应的修订,兼顾灵活性与全面性,切实反映法院、法官的办案能力;要将数据考核与案件抽查、办案督查相结合,避免脱离实际,避免数据指标上的形式主义。

最高人民法院于 2021 年 11 月出台了《关于加强和完善法官考核工作的指导意见》,文件精神同样适用于个人信贷案件领域。文件强调,要坚持遵循审判工作规律,紧紧围绕审判业务关键环节和重点内容,从办案数量、办案质量、办案效率、办案效果四个维度设置法官办案业绩考核指标,摒除单纯"以数字论英雄"的错误观念,科学合理设定指标内容及指标权重,真正把科学的评价标准亮出来,把办案的能力和水平比出来,把案件的质量和效果评出来,切实解决干与不干、干好干坏、干多干少一个样的问题,激励法官多办案、办好案。要分级分类开展法官考核。我国实行的是四级两审终审制,各地各级人民法院情况千差万别,法官的岗位设置、受理的案件类型大相径庭,采用同一种考核方式、适用同一个考核标准是不符合实际的。要准确立足四级法院审级职能定位,区分不同法院层级、不同业务条线和岗位特点,分层分级分类开展考核。要在规定的指标体系内,结合各地工作实际,对考核内容、考核标准、计分规则等进一步细化,做到考准考实,体现客观公正。要充分发挥考核机制对法官的激励鞭策作用,必须运用好考核结果。要坚持严管和厚爱结合、激励和约束并重,注重平时考核结果与年度考核结果相关联,把考核结果与法官等级调整、员额退出、绩效奖金分配紧密挂钩,通过考核实行奖优罚劣,倒逼法官自觉提升专业素质能力,通过考核推动员额能进能出,让优秀的法官有动力,让不能胜任者有压力,形成"能者上、平者让、庸者退"的动态管理机制,最大限度调动广大法官的积极性、主动性、创造性。这也将为建设法治社会、完善社会信用体系建设提供更多的实践保障。

建议对金融相关的类型化、批量化案件的考核指标进行优化。目前在法院的考核体系中，由于诉源治理的要求，导致所有案件的考核标准都是一样的。由于金融类案件的专业性和金融风险的专业性，希望借助信息化法律金融科技手段，对于个贷案件及其他相关的常规民商事案件，能够对考核指标进行调整优化。

九、积极拓展法律金融科技化解金融风险的边界

法律金融科技化解个人信贷领域金融风险的有益实践，能够产生许多具有重要价值的经验，对于化解其他金融领域风险具有参考意义。金融市场的风险种类繁多，但彼此之间并不相互孤立，而是相互联系的，不同金融领域的风险主要由市场主体、业务类型、资产类别等形式相互连接。金融系统的复杂程度不断增加、金融创新的不断衍生都使得金融体系的关联度越来越高，也使得金融风险的相关度越来越大。而数字科技在金融领域的运用使得法律金融科技在化解金融风险方面具有先决条件：一方面，数字化使得各方信息在同一技术框架和同一平台上得以畅通，大大降低了信息壁垒，有效破解了信息孤岛效应，很大程度上推进了信息共享，不仅降低了局部风险累积的可能性，也提升了各领域风险捕捉与识别的概率；另一方面，法律金融科技利用计算机、互联网、云计算等技术手段，在大数据的基础上，最大可能地利用数据共享进行分析和判断，智能算法能够将过去化解个人信贷领域不良资产风险的经验抽象为具有普遍意义的模型，并将针对不同领域的特点对模型做不同程度的调整和修正，使之在其他金融领域的风险化解中具有独到的优势。

第二节　法律金融科技第三方平台优化个人信用风险化解的具体建议

一、进一步明晰自身的职能定位

法律金融科技第三方平台需明晰自身职能定位及主营产品和服务,明确其核心优势与主要竞争力,精准定位目标客户,开发出符合市场需求的产品和服务,制定差异化竞争战略,以实现长期商业可持续的发展。如果自身定位为技术型公司,第三方平台应提高科技含量并主要致力于研究和开发人工智能、大数据分析、区块链等技术手段,以提供更为智能的风险评估、征信查询、案件管理、文书撰写等工具。如果自身定位为服务型机构,则应专注于为银行、律所、法院等参与主体提供对应全流程的配套技术服务,使其将有限的资源集中配置到主营工作上,提高其工作效率。如果自身定位为法院机关的辅助型机构,协助数字法院迭代升级,则应聚焦于司法流程中的应用场景及路径,例如为法院提供批量生成文书、自动化立案、智能化梳理原始资料、实时组织调解等服务工具,提高审理效率。

针对前述管辖法院的接受程度难题以及司法案件管理系统的地域化问题,法律金融科技第三方平台应主动融入当地的司法环境之中,通过对地域化司法环境的整体把握研制针对性的技术产品。例如,对于数字化司法接受程度较低的地区,第三方平台可在目标城市当地尝试设立特殊目的公司(Special Purpose Vehicle,SPV),招募熟悉本地司法环境的业务人员,并通过对当地司法环境的深入了解与实地探查,逐渐积累司法人脉与业务资源,以寻求数字化司法信息系统的业务突破口。针对数字化司法接受程度高但有本地化需求的人民法院,第三方平台应保持与当地人民法院的沟通,把握其具体的业务需求,分析公司现有信息系统产品与其业务需求的匹配程度,并根据人民法院的本地化需求对公司产品进行相应地修改与完善。

二、聚焦个人信用风险化解流程中的重要节点

为了更好地向法院、金融机构、律师事务所及个人提供有效的协助和服务，提高个人信用风险化解能力和效率，法律金融科技的第三方平台需进一步聚焦个人信贷业务，厘清在司法诉讼全流程中的重点功能，并且通过明确前端、中端和后端各流程节点中的差异化需求与痛点，使得服务更加精准、高效和便捷。

在诉讼前端，法律金融科技可以协助银行等金融机构在贷前调查、贷中审查、贷后管理的具体环节中提升风险防范能力，通过分析借款人的信用历史、收入情况以及不动产持有情况、车管所登记情况等多维信息，评估借款人的还款能力和还款意愿，精准刻画用户的信用形象以筛选并识别客户，并及时预警可能出现的风险，做到风险预控关口前移，从而有效减少不良贷款的发生。此外法律金融科技还有助于银行合理授信，避免银行在承担地方经济发展、拉动消费等社会责任时不理智地增加授信额度。同时在源头为司法机构提供解决方案，如通过电子认证技术对全流程数据进行保存，一是可以相对减少纠纷发生的可能性真正做到诉源治理，二是可在发生纠纷时提供电子送达的方案并提供有效证据，有利于提高法院后续工作效率。

在诉讼中端，法律金融科技可以实现流程优化，效率提升：一是可以帮助金融机构优化风险管理能力，完善不良资产处理机制与方式，保证各项业务的正常运行；二是可以在合规前提下协助银行等金融机构进行合法催收与谈判，实现案件诉源治理，从而降低银行的维权成本；三是可以帮助银行等金融机构对拖欠贷款的借款人进行法律诉讼，评估案件整体情况，制定诉讼策略，并整理成符合规范的法律文件和证据，从而提高诉讼的时效性，提升金融机构贷款回收效率。

在诉讼后端，法律金融科技可以通过信息科技、人工智能、区块链等技术，通过智能辅助决策服务、智能化的法庭管理系统、案件管理系统及全链条证据管理等工具，协助金融借款合同等司法案件全流程智能化管理，同时解决信息

不对称问题并使证据能安全有效保存,扩大法律服务范围,提升案件处理效率,节约司法资源。

三、视情况分类处置个人信用风险

为更好地提高工作效率,提升贷款回款效率,化解个人信用风险,当发生违约时第三方平台应发挥法律金融科技的技术能力,来协助金融机构遵循坚持以人民为中心的原则理念,对欠款人按其还款意愿和还款能力,利用法律金融科技做到与客户进行充分沟通并有效地分类处置,以解决社会矛盾,维护金融稳定。

对于有还款意愿和还款能力的欠款人,法律金融科技应协助银行进行联系并督促还款结案;对于无还款意愿但有还款能力的"老赖",法律金融科技应协助精准定位进行调解,根据双方意愿争取最大可能和解,如无和谈可能则协助银行尽早掌握案情,及时冻结财产,制定更加精准的诉讼策略;对于无还款能力但有还款意愿的欠款人,法律金融科技则应协助银行根据现有政策给予其柔性还款空间,减缓短期内的还款焦虑,畅通金融机构与借款人沟通交流,做到以人为本,更好地维持其个人信用,也能减轻催收成本;对于无还款意愿也无还款能力的欠款人,法律金融科技应协助银行等金融机构进行甄别,按照金额大小及其实际情况进行筛选,做到适当放弃以提高金融机构工作效率,减缓法院工作压力,助力和谐社会建设。

四、重视运营中面临的数据合规和安全问题

在我国数据安全和个人隐私保护法规不断完善的背景下,法律金融科技第三方平台在处理大量内容敏感的个人信息时,需重视其中数据的安全和合规问题。尽管目前我国尚未制定专门针对第三方平台接受个人信息数据转让的规范,但金融机构在委托法律金融科技第三方平台开展数字化诉讼时,需要考虑是否有权将债务人的个人信息转移至第三方平台。

金融机构作为信息提供方,首先,在转移不良资产债务人信息时,应明确

转移不是转让,并结合我国数据安全、个人信息保护的法律法规,对个人信息的处理行为进行风险评估,以确保风险处于可控的范围内。同时,建议金融机构应留存向受让人提供债务人个人信息转移的合法依据,并进行记录。其次,金融机构应在借贷合同中对今后可能发生的债务处理行为进行事前约定,明确与借款人的权利责任义务,明确科技公司介入的条件和介入方式,明确债务处理的可选途径和可触碰数据,并对相关数据的使用及权限做详细约定。再次,金融机构与第三方平台签订服务协议时,要对债务信息的转移、使用范围、保密要求、事后消除等进行约定,并详细阐述违反债务信息使用的行为及其处理措施。

法律金融科技第三方平台作为信息接收方,首先,需注重审查个人信息数据转让的合规性依据,关注其是否已取得债务人同意或存在其他法定免除同意义务的事由。其次,在使用债务人个人信息时,需要严格遵守相关法律法规和技术服务合同条款,并确保处理数据的权限隔离,不可超过合同所约定的使用范围,要为债务人的隐私数据进行加密和安全存储,避免个人信息泄露和滥用。再次,第三方平台在不良资产清收完毕、司法案件执行完毕或结案后,应尽快删除所接收的债务人个人信息,避免信息外泄。

同时,针对前述智慧司法背景下的道德风险以及技术风险,法律金融科技第三方平台应当加强自身管理能力建设,提高自身的安全合规意识水平,实行严格的技术保密措施,设立专门的数据安全管理部门负责全面监督平台对个人信息的保存、处理和使用,及时监测个人信息泄露和滥用等问题,切实保护数据安全。在操作中不可泄露所接收的人民法院数据信息,仅赋予相关当事人与中介机构特定的系统访问权限,并严格按照操作安全指引进行数据访问,避免数据信息的人为泄露。

鉴于今后不良资产清收的数据合规问题会越来越普遍,建议在立法层面对此作出规定,在行业层面尽快出台相关标准,明确界定相关机构对个人信息的所有权和使用权,并在行业标准中对于相关文件和条款的规范性予以明确。确保个人信息的使用和转移合法合规,以便今后相关业务更好地开展与进行。

第三节　法律金融科技提升金融风险化解能力的发展方向及展望

由汉资公司的业务模式可知,当前数字化转型背景下,不良资产业务的主要类型是个人贷款业务,主要合作方是金融机构、律师事务所与各级法院,并采用全流程信息化系统提高合作方的不良资产处置效率。为全面探索数字化不良资产处置的行业前景,本节重点对第二章提出的法律金融科技在提升化解个人信用风险能力中的挑战和当前国内不良资产处置的业务实践为基础,结合当前科技发展水平的前沿应用和未来趋势,研究分析应对之策,展望法律金融科技化解金融风险的主要业务发展方向。

一、业务发展:拓宽对公不良业务清收的科技水平

根据汉资公司提供的相关材料,汉资公司的合作案件以银行个人类不良债权案件为主,包括个人信用卡纠纷和个人金融借款合同纠纷。然而,从整体不良资产行业的清收类别来看,来自对公企业的大额不良资产占比依旧在80%左右,小额不良贷款虽然取得了快速的应用突破,但从体量上看,目前更为艰巨的任务仍是大额的对公不良贷款。但从各金融机构的处置模式上看,大额对公不良贷款业务依然大量依赖人工,目前金融科技的应用就对公业务来说主要体现在流程效率的提升,例如流程电子化与线上化、简化流程步骤、方便数据查阅和部分财产的价值发现,数字化科技在对公案件中的清收应用有待发展。

在模式上,现阶段大额对公不良贷款的处置方式主要包括:一是诉讼追偿,即根据债务人的财产情况、抵押物情况,向当地法院提起诉讼,并按照生效的法律文书在规定时间内要求债务人履行或申请执行。二是双方和解,即金融机构与债务人在符合双方利益的情形下,协商达成归还逾期贷款的结果,主

要形式包括实现抵押、涂销抵押[①]和主动脱保等。三是将资产债权转卖至资产管理公司。该类型处置方式可进一步细分为公开拍卖、协议转让、招标转让、竞价转让、打包处置与分包等。

由于银行个人类不良债权案件存在案件证据固定、基础合同清晰、债务人相对确定等特点,因此相比于对公不良贷款处置,利用数字化系统对个人类不良资产清收的效果较为显著。相反,对公不良资产清收案件则较为复杂,从上述处置方式分析,首先,在诉讼追偿模式下,对公不良资产清收案件的债务人存在多样化特性,例如质权担保、抵押担保或一般保证人等,各债务人之间的相互关系也比个人不良贷款案件更为复杂。同时,在不同的担保模式下,担保合同的具体条款内容均是不同的,债务人的权利义务也存在较大的区别。其次,在双方和解的对公不良清收案件中,主要是依靠法院的合议庭进行调解。在调解模式下,不同债务人均有各自的利益追求,因此,该模式涉及各方之间的利益权衡,依然需要通过人工沟通予以完成。最后,在资产转卖模式下,由于资产转卖的前提须对整体的不良债权包进行估值,然而对公不良资产债权清收案件的担保物估值难度较大,需对担保物品进行实地勘测、校验,进而方可得出资产转卖包的价值。

因此,目前对公不良资产清收案件中数字化技术的应用依然有进一步优化的空间。由于对公不良资产处置的业务需要对行业进行大量的调研和分析,而当调研与分析形成初步结果后,决策依然依赖于人工,并且决策的过程需要花费大量的时间与成本,因此,数字化不良资产清收工具应更注重研发人工智能的决策技术,通过法律金融科技的技术深化,从对不良资产清收案件的流程性管理到实现对对公不良资产清收案件各个环节的决策辅助。该辅助系统将有助于金融机构厘清对公不良资产清收案件的复杂资产线索,并以此为基础制定对公不良资产清收的具体计划,从而减轻对公不良资产贷款清收案件的负担,协助金融机构完成不良资产清收的年度计划。

---

①　涂销抵押是指凡已登记之抵押权,因权利之抛弃、混同、存续期间届满、债务清偿、撤销权之行使或法院之判决等,使抵押权消灭时,应由抵押权人或原设定人或其他利害关系人检同应备文件向不动产所在地之地政事务所申请涂销登记。

此外,还建议汉资等法律金融科技企业今后探索租赁等收费模式,解决科技应用投入成本的难题。例如由汉资建立 SaaS 平台,利用技术能力提供业务支持,可以参考按年收取租赁费或按照交易笔数收取运营管理费来覆盖成本。此模式可以为解决当前财政支持或一次性投入的成本困境,同时确保平台所有者的合理回报。

二、主体发展:积极开展与资产管理公司的合作

2020 年 6 月,银保监会颁布《关于开展不良贷款转让试点工作的通知(征求意见稿)》和《银行不良贷款转让试点实施方案》,标志着银行及消费金融公司存量的信用卡、个人消费贷款坏账等个人不良资产允许对外批量转让。2021 年 1 月 7 日,银保监会正式下发《关于开展不良贷款转让试点工作的通知》,标志着银行类个人不良资产对资产管理公司的批量转让落地。对于不良资产的新兴细分行业,各大资产管理公司预测个贷不良资产行业规模将超 10万亿元人民币,并且在整体经济下行的趋势下,个人不良资产贷款的总额未来仍将处于不断的增长过程中,例如,根据中国人民银行发布的支付体系运行总体情况报告,2018—2021 年信用卡逾期半年未偿信贷总额均处于上升态势,故资产管理公司希望及早建立在该领域的业务优势,占据个贷不良资产行业里的话语权。

虽然个贷不良贷款市场具有较高的吸引力,但传统资产管理公司一直专注于对公不良资产清收案件的经营,对于个人不良资产的清收缺乏购包经验、运营经验和风险控制经验,也更缺乏相关的技术经验。相较之下,以汉资公司为代表的数字化不良资产信息科技公司则对个人不良资产清收业务的流程与风险点具备更为全面的把握,其主要案件即是金融机构的个人类不良债权案件。因此,在个人不良贷款清收领域内,法律金融科技公司可对期望转型该领域的不良资产管理公司提供技术支持。在技术上,以汉资公司为例,其主要产品汉法智云与汉法智管等,均为贯通个贷不良资产清收案件全流程的信息技术产品。若此类产品能够与资产管理公司的内部信息相对接,通过技术产品

的自动化生成、业务分析与匹配等流程,为资产管理公司的个贷清收业务提供技术保障。

三、标准发展:推进数字化不良资产清收的标准化进程

在数字化转型背景下,法律金融科技对金融风险的化解呈现多样化趋势。在不良资产处置行业内,当前法律金融科技的应用主要集中于债权撮合、在线催收、数据修复、司法拍卖等业务场景下。法律金融科技应用的内在逻辑在于解决传统清收服务模式中不良资产清收各方主体的信息不对称问题。目前,伴随信息技术的发展,不良资产数字平台也逐渐增多,在此背景下,数字化不良资产清收的标准化问题也逐渐成为该行业内关注的热点话题。

金融科技时代的不良资产清收业务不断发展,诸多基础资产、资金流向与参与主体的信息数据也在行业发展的背景下不断沉淀。因而,在不同清收条件下的不良资产处置案件也开始具备标准化的可能性。由于目前该行业内的数字平台所关注的领域各不相同,故若能对行业内的信息数据进行标准化处理,则有助于数字化不良资产清收行业的良性发展。

数字化不良资产清收平台的标准化进程应重点关注录入数据的标准化。因为不同的资产处置平台所关注的行业细分阶段存在差异,例如在线催收仅关注债务人的信息,司法拍卖则关注拍卖人、标的物等内容,但是从整体来看,不良资产处置系全周期性的金融机构业务,无法将单独的某一块业务数据进行割裂,否则可能导致不良资产处置业务效率低下。由此,该行业内从纵向维度可在合规基础上进行各环节之间的信息共享,并通过信息共享流程对个性特征较为明显的不良资产信息进行标准化加工。此外,从横向维度,各不良资产处置平台也可针对某个特定环节,在符合我国数据保护法律法规的前提下予以共享,并将同类信息转化为可复制、可推广的行业标准化数据。以此标准化数据为基础,各数字化不良资产清收平台即可利用大数据、云计算等信息技术进行投资者画像、偏好分析等业务,从而构建不良资产资金与需求的高效匹配系统。综上所述,为提升数字化不良资产清收行业的整体运行效率及其发

展水平,以不良资产数据为主的标准化进程应是该行业未来发展重点考量的因素之一。

针对前述信息系统与不良资产清收国家统一数据库的衔接难题,建议法律金融科技公司做到以下几点:一是与官方保持真诚、积极、开放的互动和沟通,了解统一不良资产处置平台建设的最新动态,知晓政策走向,并主动融入国家发展战略,积极贡献力所能及的力量,妥善办理与官方不良资产处置平台的信息交互工作。二是与金融机构、中介服务机构保持合作,保持业务持续开展和稳步推进,努力提高市场份额,提升自身的市场影响力和系统重要性。三是持续通过信息技术的创新开发更具特色的数字化不良资产信息处置产品,提升自身系统市场竞争力,以保障公司业务的稳定开展。

为防范数字化不良资产清收平台的区块链与技术风险,从制度与组织体系维度,法律金融科技公司应注重内部的技术风险防范,定期执行内部技术安全评估,以检视区块链底层技术的安全性。公司合规管理部门应建立与信息技术部门的常态化沟通机制,制定信息技术合规管理办法,明确技术风险的追责机制,并通过信息技术安全风险演练的形式,搭建缓释区块链及其算法所产生的技术风险的预防与协调体系。从技术手段维度,可以建立多条数据链,选取其中一条储存资产信息的历史内容,并在其他链条中储存修改痕迹。若在信息记录的过程中发现错误,则辅助的区块链链条可以保证信息完整可追溯。此外,为防范不良资产信息数据的恶意输入,可引入 API 技术为数据链安装"防火墙"。

附录

关于信用卡业务应用法律金融科技的可行性分析
——某银行信用卡中心关于本报告的解读和调研

近期,我们组织相关人员认真研读了《法律金融科技对个人信用风险化解的应用研究》(以下简称"研究报告"),同步对同业、行内应用法律金融科技的情况进行了调研,并据此对信用卡业务应用法律金融科技的可行性进行了分析,具体如下:

一、研究报告内容概要

一是提出法律金融科技可以解决信用风险化解困境。针对个人还款意愿和还款能力降低、法律催收困境(找人难、立案难、执行难)、个贷业务衍生风险(暴力催收、"反催收"及"代理维权"等乱象)等问题,研究报告提出通过加强科技(含数据)的应用,可进一步评估借款人今后的意愿和能力、提高金融机构催收效率、解决法院、律师处理案件的时效。

二是指出法律金融科技解决个人信用风险的重点及渠道。研究报告提出,利用信息科技手段,可重点实施强化信息对称,实现交易重新定价和重新确立还款期、有效突破逃废债现象、批量化标准化提高化解环节效率、提高化解环节的衔接成本、提高违约成本或加大警示作用等工作。基于此,研究报告提出,法律金融科技可以从强化诉前调解执行力度、推动催收有效化管理、加强全流程的规范运作、深化个人信用风险提前防范、优化法律资源配置等五个渠道助力个人信用风险化解。

三是系统梳理、分析法律金融科技在国内外的发展情况、前景及挑战。研究报告通过梳理现存的法律金融科技在全球的发展概况、应用领域、发展趋势、政策环境以及应用案例，以及法律金融科技在国内发展现状和前景，借鉴国外先进经验，分析和总结我国在该领域的机会与发展趋势。其中，国内发展现状方面，法律金融科技已应用智能合同审查、合同生命周期管理、证据存证、诉讼案件管理等法律具体领域；在面临挑战方面，不良资产催收应用法律金融科技，存在数据合规问题、区块链与算法的技术风险、信息系统与不良资产清算国家统一数据的衔接、智慧司法背景下的道德风险以及技术风险、地域性差异与管辖法院的接受程度等问题。

四是提出法律金融科技深化个人信用风险化解的发展建议与展望。涉及对金融机构服务方面，指出法律金融科技在诉讼前端，通过分析借款人的信用历史、收入情况等多维信息，评估借款人的还款能力和还款意愿，精准刻画用户的信用风险，并及时预警可能出现的风险；在诉讼中端，可以帮助优化风险管理能力，完善不良资产处置机制和方式，协助金融机构进行合法催收与谈判，实现诉源治理，并帮助实施对借款人进行法律诉讼；在诉讼后端，法院通过智能辅助决策服务、智能化的法庭管理系统和案件管理系统管理工具，协助金融借款合同等司法案件的全流程智能化管理。在分类处置信用风险方面，利用技术优势，协助金融机构根据欠款人的还款意愿和还款能力进行分类处置。点评：研究报告以第三方科技公司为视角，探索第三方公司的法律金融科技在化解个人信用风险上的作用及实现路径，为银行借助外部资源解决债权保全过程中遇到的困境及难题提供了一种方案，同时也为我们自身的法律工作（含法务催收）数字化转型提供了借鉴思路和参考。

二、信用卡业务应用法律金融科技的可行性初析

（一）关于法律金融科技的认识

研究报告提出，法律金融科技是指利用信息技术、大数据、人工智能、区块链、智能合约等新技术的特性，使用技术和软件来提供和协助法律服务，确保法律服务的专业化、自动化、智能化，实现技术与法律的深度融合。

基于上述概念，我们认为法律金融科技应用的目的包括两方面，一方面，为法律工作提供智能化工具支持，以实现人的解放；另一方面，为法律风险防控提供技术支持，以保障业务发展。因此，通过法律金融科技的应用，理论上可将原本由人处理的标准化、批量化的法律工作，如诉状起草、证据材料的整理、模板化合同的审查等，交由系统或软件进行处理或辅助处理。同时，也可解决线上申请存在的合同及证据效力问题，甚至可将银行数据与法院系统直联，提升法务诉讼效率及银行数据的采信度。

（二）关于法律金融科技对信用风险化解的可行性评估

结合研究报告成果，对照信用卡业务信用风险特点，我们认为信用卡业务可借鉴第三方科技的成熟经验和做法，将法律金融科技应用于诉前、诉中、诉后及分类催收的策略等，具体如下：

（1）在申请（诉前）端，可通过自建或第三方辅助下建立模型策略等方式对客户进行精准画像。在取得客户合法有效授权的基础上，银行可通过自建或在第三方科技公司的辅助下建立模型策略，利用合法掌握的客户信息对客户进行信用风险画像，有效评估信用卡客户的还款能力与意愿，并建立信用风险预警机制。

（2）在法务诉讼端，可通过法律金融科技手段进行材料的标准化整理，但利用科技手段定位和联系客户的做法，可能会因法律依据不充分难以实施。

一是利用科技手段查找和联系客户的合法性基础不够充分。研究报告提出，通过科技手段找到客户的位置及通信方式，对其进行催收和谈判，以此通过非诉方式解决信用风险。失联客户的定位信息及通信信息属于客户敏感信

息,对其获取应以合法来源和客户单独同意为前提,合法合规获取存在较大难度,并且客户可随时撤销授权,因此,研究报告提出利用法律金融科技找到客户并进行催收谈判,在实施上具有较大的困难。

二是可利用法律金融科技手段对法务诉讼资料进行标准化处理。鉴于信用卡诉讼案件资料共性特征明显,包括诉状、合同文本及交易明细等,因此,银行可利用科技手段,对法务诉讼材料进行规范化、标准化处理,以此实现诉讼材料的自动生成、整理,替代人工撰写诉状及收集、整理证据资料。

(3) 在诉讼后端,可利用相关技术实现线上申请合同文本及证据的存储固化。研究报告提出,通过区块链技术实现全链条电子证据材料的安全加密存储,实现电子数据的可靠性与不可篡改性,以减少检验数据真实性的成本。据此,区块链技术理论上可解决信用卡线上业务的合同文本,及银行自身保管、存储的电子证据的真实性问题。对此,信用卡业务线上业务及电子证据管理方面,可应用区块链技术,或起到同样效果的 CA(电子签名)技术,对电子合同及电子数据进行认证、存储固化。在司法实务中,可靠的、有资质的第三方提供的区块链技术或 CA 技术,较银行自身研发技术,在司法上更易获得支持。

(4) 在分类处置方面,可通过法律金融科技手段进一步完善催收差异化策略。研究报告提出,通过法律金融科技来识别违约客户的还款能力和还款意愿,并根据其还款意愿、还款能力的不同情况进行分类处置。

我们认为,银行在开展信用卡催收业务过程中,可借鉴该思路,通过自建或第三方辅助下建立相关模型,进一步分析客户的还款能力和意愿,并根据催收过程中掌握的客户态度进行不断修正,以此建立对逾期客户的催收差异化策略,根据模型分析出客户的意愿和能力,对客户采取不同的催收措施。

(三)关于引入第三方科技公司提供支持的可行性评估

第三方科技公司对法律金融科技的应用,已在合同管理(如智能合同审查)、使用区块链技术对合同资料等进行加密存储、搭建智能化信息系统为银行和法院处理案件提供便捷等方面进行了体现。例如,根据研究报告中提及的国内重点案例汉资科技,其推出的法律金融科技产品已应用于司法案件的全流程,包括起诉阶段支持金融机构的起诉文书的生成、原始凭证资料的区块链技术加密存储等。但如研究报告所说,上述法律金融科技的应用大多处于初级阶段,涉及法律金融科技在不良资产处置中应用主要在小部分领域和地域范围开展,并同时存在数据合规(如第三方科技公司批量明文接收和使用客户信息和信贷资料,缺乏有效的客户授权基础,且存在科技公司滥用数据的风险)、地域性差异与管辖法院接受程度不一、第三方科技公司缺乏统一行业门槛与服务标准、监管对银行使用第三方科技公司法律金融科技服务的态度不明等方面的问题。基于此,现阶段,不宜由第三方科技公司介入信用卡信用风险的全流程化解,尤其是涉及客户信息处理的敏感环节,但可从技术开发(如诉讼材料的批量化模板生成、证据整理)、模型策略优化等方面提供辅助智力支持。

三、调研情况

为进一步了解行内外应用法律金融科技的情况,我们对工行、建行、招商银行、交行等同业进行了调研,调研主要围绕法律工作的智能化工具应用情况、科技在业务法律风险防控中的应用、银行数据与法院数据直接对接等方面开展。从调研的情况来看,研究报告中提出的法律金融科技相关应用,已经基于数字化转型的要求,在各行信贷业务(含信用卡业务)中进行了部分应用,同时在智能化工具应用(合同审查、履约管理等)方面,仍有较大的发展应用空间,具体如下:

一是在智能化工具应用方面,目前基本上处于探索阶段。当前,我行及同业对智能化法律工具的建设与应用,基本上都处于概念和研究阶段,尚未应用智能软件工具开展法律审查、合同管理等法律日常工作。

二是在线上业务法律风险防控方面,通过安全可靠的技术措施实现了电子证据不可篡改。各行针对线上业务分别应用了 CFCA 存证认证技术、区块链加密存储技术,以强化线上业务申请文本及电子数据的固化存储。

三是在银行与法院对接方面，以法院主导的方式试点开展试点法院原则上直接采信银行提供的信贷资料及数据。个别地区的法院自主组织辖内试点，通过辖内各银行个人信贷系统与法院系统对接，按照规范的格式和模板，将银行个人信贷资料及数据（法院明确规定信用卡不纳入试点）传输至试点法院，法院基于对银行系统的信任，在客户无相反证据的情况下，原则上采信银行方系统直接提供的材料，减少诉讼材料及证据整理和庭审举证的成本。

综上，我们认为法律金融科技的应用，将作为银行数字化转型的一部分，未来会被深度应用于银行业务（含信用卡）的经营管理，包括但不限于信用风险的化解、法律风险管理工具的智能化。对此，我们也将密切关注法律金融科技应用前沿，加强同业及第三方科技公司的交流，并积极做好行业研究，协同相关部门加强科技应用，持续推进信用卡业务法律风险管理工作的数字化转型。

参考文献

［1］Ascendixtech：https://ascendixtech.com/legal-tech-overview-best-legal-tech-companies/．

［2］The Contribution of Lawtech to The UK Economy——A report prepared for LawtechUK［R］. 8 July 2021.

［3］Cryptoassets & Smart Contracts — Legal Statement［R］. https://lawtechuk.io/explore/cryptoasset-and-smart-contract-statement.

［4］UKJT Digital Dispute Resolution Rules & Guidance［R］. https://lawtechuk.io/explore/ukjt-digital-disputes-rules.

［5］Department for Business，Energy and Industrial Strategy（BEIS）. National Statistics Business population estimates for the UK and regions：2019 statistical release［R］. updated 14 January 2020.

［6］FSB，Time to Act：The Economic Impact of Poor Payment Practice，November 2016，https://www.fsb.org.uk/static/517120db-2555-473f-a6ceb5c661d569fb/Time-to-Act.pdf p7.

［7］LawtechUK，Using online dispute resolution to tackle the SME late payment crisis--LawtechUK feasibility study and proof of concept［R］. https://www.cs.ox.ac.uk/tom.melham/pub/SME_ODR-LawtechUK_feasibility_study.pdf.

［8］刘丹丹.金融消费权益保护视角下商业银行债务催收外包业务问题研究
［J］.武汉金融,2018(3).

［9］谭曼,段明.中国债务催收行业的机遇、挑战及其治理［J］.首都师范大学学
报(社会科学版),2019(2).

［10］黎四奇.我国债务委外催收存在的问题与解构［J］.中南大学学报(社会科
学版),2019(2).

［11］王禄生.司法大数据与人工智能技术应用的风险及伦理规制［J］.法商研
究,2019(2).

［12］王怀勇,刘帆.债务催收治理的法制困境及出路［J］.南方金融,2019(4).

［13］徐娟,杜家明.智慧司法实施的风险及其法律规制［J］.河北法学,2020(8).

［14］韩旭至.司法区块链的复合风险与双层规制［J］.西安交通大学学报(社会
科学版),2021(1).

［15］李晓丽.论区块链技术在民事司法应用中的价值、风险和进路［J］.中国应
用法学,2021(3).

［16］董续勇.不良资产清收处置的数字化转型［J］.中国金融,2021(24).

［17］张凌寒.智慧司法中技术依赖的隐忧及应对［J］.法制与社会发展,2022
(4).